어떤 게 정상이야?

우리가 가진 문화적 편견에 대한 진실

세계 문화 한눈에 살펴보기

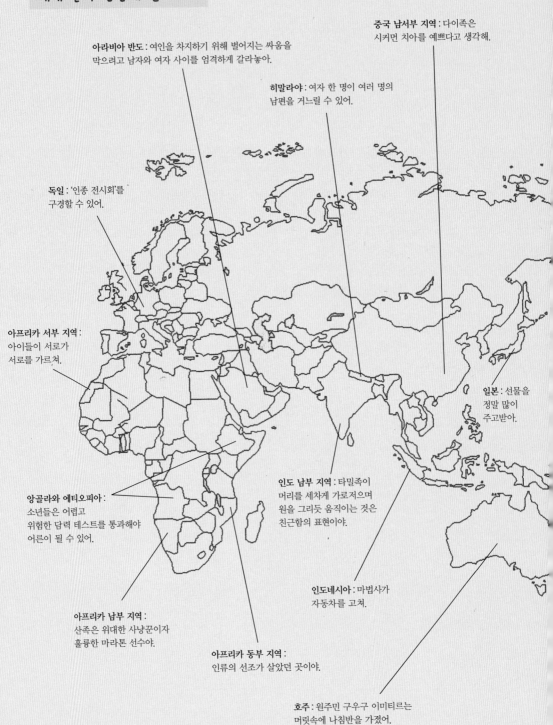

중국 남서부 지역 : 다이족은 시커먼 치아를 예쁘다고 생각해.

아라비아 반도 : 여인을 차지하기 위해 벌어지는 싸움을 막으려고 남자와 여자 사이를 엄격하게 갈라놓아.

히말라야 : 여자 한 명이 여러 명의 남편을 거느릴 수 있어.

독일 : '인종 전시회'를 구경할 수 있어.

아프리카 서부 지역 : 아이들이 서로가 서로를 가르쳐.

일본 : 선물을 정말 많이 주고받아.

앙골라와 에티오피아 : 소년들은 어렵고 위험한 담력 테스트를 통과해야 어른이 될 수 있어.

인도 남부 지역 : 타밀족이 머리를 세차게 가로저으며 원을 그리듯 움직이는 것은 친근함의 표현이야.

인도네시아 : 마법사가 자동차를 고쳐.

아프리카 남부 지역 : 산족은 위대한 사냥꾼이자 훌륭한 마라톤 선수야.

아프리카 동부 지역 : 인류의 선조가 살았던 곳이야.

호주 : 원주민 구우구 이미티르는 머릿속에 나침반을 가졌어.

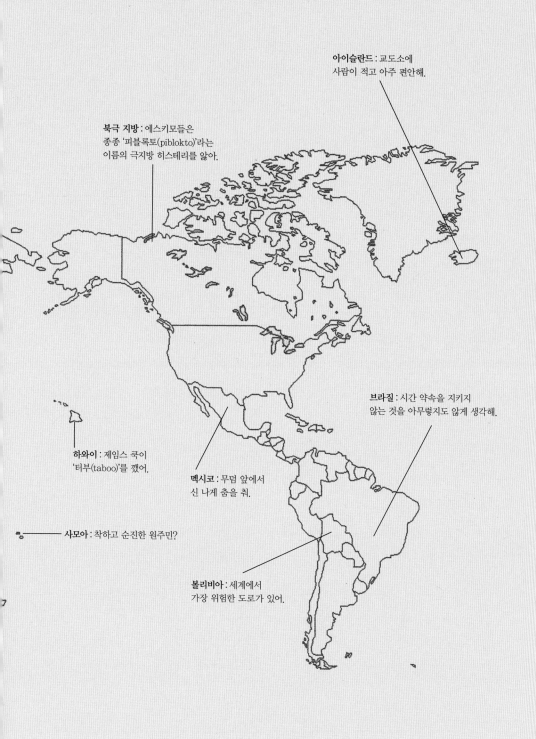

아이슬란드 : 교도소에
사람이 적고 아주 편안해.

북극 지방 : 에스키모들은
종종 '피블록토(piblokto)'라는
이름의 극지방 히스테리를 앓아.

브라질 : 시간 약속을 지키지
않는 것을 아무렇지도 않게 생각해.

하와이 : 제임스 쿡이
'터부(taboo)'를 깼어.

멕시코 : 무덤 앞에서
신 나게 춤을 춰.

사모아 : 착하고 순진한 원주민?

볼리비아 : 세계에서
가장 위험한 도로가 있어.

7

어떤 게 정상이야?

우리가 가진 문화적 편견에 대한 진실

볼프강 코른 글 | 김효은 그림 | 김희상 옮김

웅진주니어

차 례

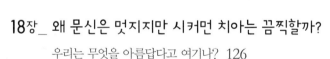

1장_ 같지만 달라

문화를 정상과 비정상으로 구분할 수 있을까?

만나는 사람마다 반갑게 인사하고 싶다면, 손을 잡아 흔들며 상대방의 눈을 똑바로 바라보면 될까? 아마도 많은 친구들이 '당연히 그래야지!'라고 생각할 거야. 영화나 드라마, 혹은 뮤직비디오를 보면 대개 그렇게 인사를 하니까. 그리고 그것들은 세계 곳곳에서 촬영되고, 전 세계 사람들이 즐겨 보니까 그렇게 인사하는 게 당연해 보이잖아.

그러나 조심해야 해. 바로 여기서 토끼가 고춧가루를 뒤집어쓰듯 난감한 일이 벌어질 수 있으니 말이야. 우리는 오늘날 이른바 '다문화 세상'에 살고 있어. 대도시에선 세계 여러 나라에서 온 사람들이 스스럼없이 어울리며 맥도날드에서 아침을 먹고, 외국 회사를 위해 일하며, 저녁엔 할리우드에서 만든 스릴러 영화를 봐. 하지만 그렇다고 해서 세계 어디서든 원하는 대로 마음껏 행동할 수 있다는 이야기는 아니야. 세계화와 인터넷에도 불구하고 사람들은 저마다 독특한 문화를 사랑하니까.

　사람들은 고향에서 익힌 고유의 문화 규범과 예절을 바탕으로 세계를 누벼. 정치가, 사업가, 교환 학생은 상대방의 손을 잡고 흔들며 인사하는 게 심각한 문제가 되는 곳이 아주 많다는 사실을 알고 깜짝 놀랄 거야. 악수가 인사의 '필수'인 곳은 유럽과 북아메리카뿐이거든. 손을 잡고 흔드는 대신 고개를 끄덕이거나 상체만 숙이는 인사법이 있는가 하면, 상대방을 얼싸안고 가볍게 포옹하는 인사법도 있어. 심지어 어떤 곳에서는 양쪽 볼에 뽀뽀를 하기도 하지.

　우리 인간에게 문화의 이런 다양함은 보물 상자와 같아. 똑같은 일도 나라마다 다르게 하니까, 참 신기하잖아. 그래서 문화를 연구하는 학자, 곧 인류학자는 '정상'이라는 말을 절대로 쓰지 않아. "저게 바로 정상이야!"라고 말할 수 있는 건 없으니까. 세상에는 나에게 익숙한 방법으로 해결할 수 없는 많은 일들이 있음을 우리는 잊지 말아야 해.

　세상의 이런 다양함을 알아보기 위해 나는 다채로운 문화를 두루 둘러보는 여행에 너희를 초대할 생각이야. 이 책은 순서에 얽매이지 않고 책의 어느 곳이나 읽어도 좋도록 썼어. 앞서 말한 것 외에 인간의 문화를 연구해 온 학문의 역사, 곧 인류학의 역사도 간단하게나마 살펴볼 거야. 그럼 이제 출발해 볼까? 서로 다른 것이 지극히 정상이라는 주장이 정말 맞는 말인지 확인해 보자!

2장_ 엄지를 추켜세우면?

손짓만으로 우린 어떤 얘기를 나눌 수 있을까?

독일에서 출발해 남유럽과 터키를 거쳐 이란이나 인도, 극동까지 공짜로 여행할 수 있다면 믿겠니? 무전여행이라고 불리는 이 공짜 여행은 '엄지'를 추켜세우는 동작이 무슨 뜻인지 사람들이 알아보기 때문에 가능한 일이야. 사람들은 대개 그걸 '차를 태워 달라는 신호구나.' 하고 알아보니까. 그런데 혹시 알아보지 못하는 경우도 있을까?

사람들은 자신의 의사를 표현하기 위해 손가락이나 손, 팔을 많이 써. 특히 말이 잘 통하지 않거나 자신이 한 말을 더 강조하고 싶을 때에 그렇지. 말이 통하지 않는 대상을 향해서도 손짓으로 의사를 표현해. 이를테면 신에게 기도를 한다거나, 개에게 의사를 전달하는 경우에 말이야. 가부좌를 틀고 앉아 손바닥을 위를 향하도록 놓는다면, '나 이제 명상할 거야!'라는 뜻이 되는 것처럼.

하지만 세계 여러 나라의 사람들이 모여 몸짓만으로 의사소통을 하려

한다면 문제가 생기고 말 거야. 나라나 문화, 사회 계층이나 종교에 따라 몸짓의 의미가 달라지거든. 같은 몸짓이라도 다른 문화권에서는 정반대의 의미를 갖기도 해. 어떤 상황에서 그 몸짓을 했는지, 몸짓을 주고받은 사람들의 당시 기분은 어땠는지에 따라 다르게 해석되기도 하지.

그럼 가장 뚱뚱한 손가락인 엄지부터 시작해 보자! 나머지 네 개의 손가락을 주먹으로 말아 쥐고 엄지만 위로 추켜세우는 게 어디서나 '하나'를 의미할까?

아니야. 추켜세운 엄지가 '하나'를 뜻하는 곳은 독일과 폴란드뿐이야. 독일과 폴란드의 술집에서 종업원을 향해 엄지를 한 번 추켜세우는 것은 맥주를 한 잔 가져다 달라는 뜻이지. 하지만 영국, 한국, 남아프리카에서 이 손짓은 '아주 좋아. 만족해!'라는 뜻이야. 이 나라들에서 엄지를 든 것만으로 맥주를 주문했다고 생각하다가는 하염없이 기다려야 할 거야. 반면 아프가니스탄, 이라크, 이란과 같은 아랍 지역의 나라에서 엄지를 추켜세우는 것은 심각한 모욕으로 받아들여져. 유럽에서 중지를 세우는 것과 맞먹을 정도의 엄청난 욕이거든. 그럼 배낭여행객이 공짜로 차를 얻어 타려면 어떻게 해야 할까? 어느 나라에서나 엄지로 상대방을 직접 가리키는 일만큼은 하

지 않는 게 좋아. 똑똑한 배낭여행객은 엄지를 도로 쪽을 향해 펼 거야. 특히 터키에서 이라크로 가는 국경선을 넘으면서부터는 엄지를 항상 아래쪽을 향하게 두는 것이 좋겠지.

이제 두 개의 손가락을 사용하는 경우를 알아보자. 엄지와 검지를 동시에 펴는 것은 언제나 '둘'을 뜻할까? 맞아. 하지만 유럽에서만이야. 중국에 간 배낭여행객이 차 두 잔을 주문하려고 엄지와 검지를 펴서 보여 주면 잠시 뒤 깜짝 놀랄 일이 벌어질 거야. 중국에서 이 손짓은 '여덟'을 뜻하거든. 또한 이탈리아에서 여행객이 손을 뒤집으며 검지를 내보이는 건 '좋지 않아!'라는 뜻이야. 독일에서 엄지와 검지를 동시에 펴는 것은 권총을 흉내 내는 것이지. 그럼 인도나 네팔의 버스 운전사가 길가에 서 있는 여행객을 향해 이 손짓을 한다면 그건 총을 쏘겠다는 뜻일까? 아니야. 운전사는 '태워 줄까요?'라고 묻고 있는 것뿐이야.

검지와 중지를 동시에 펼쳐서 만드는, 그 유명한 'V'는 어떨까? 이 손짓은 원래 '승리'를 뜻하지만, 히피나 평화 운동가 사이에서는 '평화'를 상징해. 호주에서 이 손짓이 승리를 뜻하는 건 상대방에게 손의

안쪽을 보여 줄 때뿐이야. 호주에
서 손등을 보이며 손가락으로 브이 자를 그
렸다가는 유럽에서 중지를 뻗는 것만큼이
나 심각한 욕이 되지. 이 밖에도 유럽 사람들이 엄지와 검지를 모아 동그
라미를 만드는 건 기분 좋게 승낙을 한다는 뜻이야. 하지만 유럽에서 이
동그라미가 칭찬을 뜻하는 곳은 서유럽뿐이야. 남유럽에서 배낭여행객이
이렇게 동그라미를 만들어 보였다가는 상대방과 큰 싸움이 벌어질지도
몰라. 그곳에선 이 손짓이 '너는… 똥구멍이야!'라는 뜻이기 때문이지.

　손짓이 그토록 서로 충돌하는 뜻을 가진다면, 다음 여행에서는 차라리
'좋다'는 뜻으로 고개를 끄덕이고, '아니다'라는 뜻으로 고개를 가로젓는
것 정도만 따르면 되지 않을까? 하지만 이 역시 조심해야 해. 불가리아,
그리스, 터키 같은 유럽 남동부 지역의 나라들에서 고개를 끄덕거리는 건
오해를 사기에 충분하거든. 이 지역에선 뭔가를 거부할 때 화가 난 것처럼
고개를 젖혀. 고개를 끄덕거리는 게 마치 고개를 젖히는 것처럼 보일 수
있잖아.

　그럼 고개를 살래살래 가로젓는 것은 언제 어디서나 똑같은 뜻일까? 아
니야. 그렇지 않아. 인도 남부 지역에 살고 있는 타밀족은 동의한다거나
알아들었다는 표시로 고개를 세차게 가로저으며 원을 그리듯 움직여. 아
주 묘한 느낌이 드는 동작이지. 여행객들은 대개 '아, 저들이 우리를 거부
하는구나.'라고 생각하기 쉽지만, 절대 그렇지 않아. 정답은 오히려 정반대

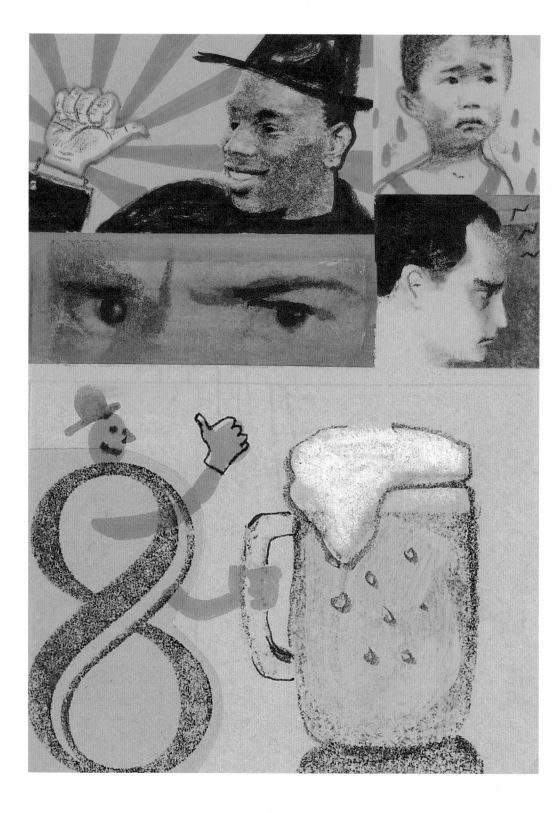

야. 그 동작은 '알겠습니다. 그렇게 하죠!'라는 승낙의 뜻이거든. 태국에서도 비슷한 경험을 할 수 있어. 우리는 보통 손등을 위로 하고 손짓을 하는 것을 '어서 꺼져!'라는 위협으로 받아들이지만, 태국 사람들에게는 '어서 오세요!'라는 뜻이지. 인도네시아와 필리핀에서 팔짱을 끼거나 두 손으로 허리춤을 잡고 있으면 싸우자는 뜻으로 알아보고 상대가 주먹을 불끈 쥘지도 모르니 조심해!

3장_중국 사람들은 스스로를 중국 사람이라 말하지 않는다!

'인종'보다는 '민족'이 좋다?

중국 사람들은 어쩐지 다 똑같이 생긴 거 같아! 유럽 사람들은 흔히 이렇게 생각해. 마찬가지로 중국 사람들은 유럽 사람들을 전부 '코쟁이'라고 말하지. 그러나 어느 쪽이든 자세히 살펴보면 이내 조금씩 다르게 생겼다는 것을 알게 돼. 어떤 사람은 얼굴이 넓적하고, 어떤 사람은 커다란 눈이 쭉 찢어졌으며, 어떤 사람은 입이 작고, 또 어떤 사람은 유별나게 귀나 코가 크지.

또한 전혀 중국 사람처럼 생기지 않은 중국 사람들도 있어. 그 좋은 예가 다이족*이야. 다이족 사람들은 태국 사람들과 비슷하게 생겼어. 실제로 태국 사람들과 친척이기도 해. 좀 더 정확히 말하면 다이족은 따이까다이 어족**에 속하는데, 이 어족은 25개의 소수 민족으로 이루어졌고, 주로 중국 남서부 지역에 살아. 800년 전 다이족은 워낙 강력해서 독자적인 왕국을 세울 정도였지.

오늘날에도 다이족은 100만 명을 웃도는 인구를 자랑해. 이들은 다른 중국 사람들과 외모에서만 차이를 보이는 게 아니야. 중국 사람들이 주로 도교를 믿거나 무신론자인 반면, 다이족은 불교의 한 종파를 믿어. 그래서 중국의 다른 소수 민족과 달리 고유의 종교와 전통을 지킬 수 있었지. 그중에서 특이한 것은 소녀가 이를 검게 물들이는 풍습이야. 이런 여러 차이점이 있음에도 다이족은 왜 중국 사람일까? '중국 사람'과 '중국 사람이 아닌 사람'을 구분하는 기준은 뭘까?

참 간단하게 설명할 수 없는 물음이야. 중국 사람들은 자신을 중국 사람이라고 말하지 않기 때문이지. 중국 사람들은 '중화민국(中華民國) 사람'과 '한족(漢族)'을 구별할 뿐이야. 말 그대로 세계의 한복판에 있는 나라라는 뜻의 중화민국 사람은 오늘날 중화 인민 공화국에 사는 모든 사람을 뜻해. 그러니까 중국 국적을 가진 사람이면 모두 중화민국 사람이지. 민족이 달라도 외국인이라 여기지 않아. 한족은 원래 중국을 이루었던 민족을 가리키는 말이야. 오늘날 중국에 사는 사람의 90% 이상이 한족이란다.

그렇다면 도대체 '민족'이란 무엇일까? 왜 '종족'이나 '인종'이라는 말을 쓰지 않고 민족이라고 할까? 종족, 특히 인종이라는 말에는 역사의 어두운 그늘이 드리워져 있기 때문이야.

나치즘 시대에는 핏줄이 다르다는 이유 하나만으로 사람들을 마구 죽

---

* 다이족 : 중국의 소수 민족 가운데 하나로, 인구는 약 120만 명이다. 윈난 성(云南省)에 주로 살며, 라오스, 베트남, 태국, 미얀마까지 분포되어 있다.
** 따이까다이 어족 : 동남아시아와 중국 남부 지역에서 사용되는 여러 언어들의 어족이다.

인 끔찍한 일이 벌어졌어. 당시 사람들은 민족이 같으면 모두 친척이라고 믿었거든. 다시 말해 민족이 같으면 조상도 같아서 공통의 유전 정보를 갖게 된다고 생각한 거야.

그러나 오늘날 우리는 이게 틀린 말이라는 것을 알아. 예를 들어 모든 독일 사람이 순수한 아리안족인 것은 아니야. 독일 사람들의 조상이자 아리안족에 속하는 게르만족만 하더라도 여러 혈통과 종족이 뒤섞여 이루어진 민족이지. 게르만족은 낯선 곳에서 만난 다른 민족들, 이를테면 로마인, 훈족, 바이킹 등과 즐겁게 어울리며 섞였어. 이런 사정은 세계 어디를 가더라도 마찬가지야. 완전히 동떨어져 외부와 전혀 접촉을 하지 않는 소수 민족을 제외하고 말이야. 이는 중국도 다르지 않아.

그래서 인종이라는 말보다는 민족이라는 말을 쓰는 게 더 좋아. 그리스어 '에트노스(ethnos)'라는 말에서 비롯된 '민족(ethnic)'이라는 말은 그저 하나의 통일된 문화, 이를테면 공통의 역사, 전통, 언어, 종교, 복장 등을 보여 주는 집단을 의미할 뿐이야. 그러니까 민족이라는 말을 사용할 때 중요한 건 '혈통'이 아니야. '문화'가 핵심이지. 여러 민족을 연구하는 학문을 '민족학(ethnology)'이라고 해. 하지만 세계 어디서나 다 그런 것은 아니야. 영국과 영어를 쓰는 몇몇 나라들에서는 민족학이라고 하지 않고 '인류학(anthropology)'이라고 하거든. 문화를 연구하는 일을 부르는 말도 문화에 따라 달라지는 거지.

그럼 우리는 한족의 어떤 모습을 보고 한족인 것을 알 수 있을까? 한족이라고 해서 모두 친척은 아니며, 사용하는 언어조차 같지 않아. 심지어 한족 중에서 많은 사람들은 복잡한 한자를 읽거나 쓰지 못해. 그러나 이들은 하나의 공통된 역사와 문화를 가졌어. 한족은 자신들이 '세상의 중심에 있는 나라'의 후예라는 자부심이 대단해. 중국의 역사는 수많은 왕족을 거쳤는데, 그 첫 번째가 바로 '한(漢)'이야. 세월을 거듭하며 중국은 계속 강대해졌고, 점차 동아시아로 세력을 확장해 나갔어. 이때 차지한 지역의 사람들은 대개 한족이 되었지만, 자신들의 오랜 문화를 충실히 지킨 사람들도 적지 않았단다.

1949년, 중국에서는 공산주의자들이 권력을 잡았어. 마오쩌둥의 지배 아래 파키스탄과 인도의 국경 지역에서부터 멀리 황해에 이르기까지 엄청나게 큰 땅이 중화 인민 공화국의 땅이 되었지. 이제 이 나라에는 하나의 민족, 하나의 언어, 하나의 문자만 있는 게 아니라 수백 가지의 민족과 언어와 문자가 차고 넘쳤어.

공산주의자들은 서로 다르더라도 싸우지 않고 조화롭게 살기를 원했어. 그래서 특별한 지위를 인정해 주어야 하는 소수 민족의 수를 조사하고 결정할 전문 위원회를 설치했지. 하지만 전문 위원회의 조사 결과는 공산주의 지도자의 입을 떡 벌어지게 만들었어. 이 거대한 나라에 한족을 제외하고 무려 409개에 달하는 소수 민족이 있었던 거야.

그렇게 많은 민족을 공산주의 지도부는 감당할 수가 없었어. 공산주의자들은 인간이 서로 평등하다는 것을 강조하고 싶었지, 각기 다르다는 차이를 인정하고 싶지는 않았거든. 그래서 많은 소수 민족을 몇 개의 큰 단

위로 묶어 버렸고, 결국 55개의 소수 민족만 남게 되었어. 그중 하나가 다이족이야. 큰 단위로 묶인 소수 민족 가운데 일부는 오늘날까지도 공식적인 독립을 위해 싸우고 있단다.

4장_ 초콜릿을 입힌 메뚜기 튀김

맛있는 게 다 다른 이유는 뭘까?

캄보디아에는 거리 모퉁이마다 맛있는 구이나 튀김을 파는 상점이 있어. 값도 싸서 누구나 부담 없이 즐길 수 있지. 아니, 여기서 파는 것은 소시지나 햄버거가 아니야. 그것은 거미 타란툴라*야. 이 거미를 잡아서 잘게 간 다음, 내장에 넣어 구울 거라고 상상하지 마. 그런 복잡한 과정은 필요 없거든. 그저 거미를 통째로 석쇠 위에 얹기만 하면 돼. 게나 새우나 조개처럼 껍데기를 벗기느라 애쓸 필요도 없어. 그냥 다리 하나를 잡고 한입에 털어 넣으면 되니까. 윽! 구역질 난다고?

왜? 그럴 거 없어. 어째서 우리는 어떤 것은 보기만 해도 끔찍하다며 진저리를 치고, 또 어떤 것은 맛있다고 호들갑을 떨까? 거미 같은 곤충은 그냥 끔찍하니까?

우리가 맛있다고 하는 것은 음식 재료의 생김새와는 아

무 상관이 없어. 미식
가들이 즐겨 찾는 프랑
스 레스토랑에 한번 가
보자. 해산물, 게, 달팽이,
개구리 뒷다리, 곰팡이가 핀 치
즈! 어딘지 모르게 미끈거리고 끈적거
리며, 심지어 날로 먹어야 하는 것도 적지
않아.

관광객들이 즐겨 찾는 메뉴는 어떨까? 이탈리아 베네치아를 찾은 관광
객들은 '스파게티 알라 봉골레'를 맛있게 먹어. 여기에 들어가는 조개는
베네치아의 석호에서 잡은 게 대부분이야. 그런데 바닷물과 강물이 만나
는 석호의 물은 정말 심각하게 오염되어 있어. 그런 더러운 물에서 잡은
조개를 먹는다? 입맛이 싹 달아나지?

이처럼 우리의 입맛은 먹을거리의 생김새와는 아무 관계가 없어. 왜 인
간은 그토록 다양한 것을 좋아하는 걸까? 정확히 말해서 우리 인간은 뭐
든지 먹어 대는 잡식성이야. 코알라는 오로지 유칼립투스의 나뭇잎만 먹
고 살고, 바다표범은 물고기를, 호랑이는 고기를 즐겨 먹어. 반면 인간은
식탁에 똑같은 요리가 두세 번만 올라와도 툴툴거리기 시작하지.

---

* 타란툴라 : 독거밋과의 대형 거미이다. 중세 시대에는 이 거미에 물리면 얼굴과 손발이 제멋대로 움직이는 무도병에
걸린다고 생각해 '무도거미'라고도 불렸다. 실제로 독성은 약하며, 주로 유럽 남부 지역에 산다.

학자들은 인간은 태어날 때부터 변화무쌍한 것을 무척 좋아한다고 말해. 왜 그럴까? 이유는 간단해. 41가지에 달하는 다양한 영양소를 섭취해야만 하기 때문이지. 탄수화물(이를테면 설탕), 지방(리놀산*을 포함한 지방 역시 섭취해야 함), 단백질을 만드는 데 필요한 기초 물질인 25가지의 아미노산 가운데 최소한 10가지, 15가지의 미네랄, 13가지의 비타민, 그리고 장이 활발하게 움직일 수 있게 해 주는 섬유질 등은 우리가 반드시 섭취해야 하는 영양소들이야. "자연은 우리에게 놀라울 정도로 자유롭게 쓸 수 있는 손을 허락해 주었다. 이 손을 가지고 우리는 식물과 동물을 마음껏 조합해 가면서 이런 영양소들을 얻어 낸다." 미국의 인류학자 마빈 해리스가 한 말이야.

다양한 영양소를 섭취하기 위해 노력하는 것은 세계 여러 문화의 식단을 통해서도 쉽게 확인할 수 있어. 티베트 사람들은 차에 버터를 넣어 마시며 부족한 비타민과 미네랄을 얻고, 열량을 보충해. 아르헨티나의 레스토랑에서는 대개 두 가지 요리만 내놓아. 야채를 곁들인 구운 고기 요리나 야채가 없는 구운 고기 요리. 이와 달리 인도에서는 주로 식물성 재료를 가지고 요리해. 많은 양의 야채에 다양한 소스를 곁들이며, 항상 쌀밥이 빠지지 않지. 일본에서는 날생선을 얇게 저민 다음, 온갖 것을 곁들여 먹어. 이를 두고 식도락의 절정이라고 칭찬하는 사람들이 적지 않아. 일

---

* 리놀산 : 불포화 지방산을 뜻한다. 콩기름, 옥수수기름 등 대부분의 식물유에 함유되어 있으며, 혈액 순환에 큰 도움을 주는 물질이다.

본 사람들은 고래 고기를 먹는가 하면, 심지어 독이 든 생선인 복어를 날로 먹기도 해. 이탈리아에서는 스파게티와 피자를 피해 갈 길이 없어. 아프리카와 아시아, 남아메리카의 많은 지역에서는 튀긴 메뚜기나 개미를 즐겨 먹어. 기꺼이 초콜릿까지 입혀 가면서 말이야.

반대로 미국 사람들은 종류가 몇 가지밖에 되지 않는 패스트푸드를 무척 좋아해. 햄버거, 맥머핀, 치즈버거 따위가 미국 사람들의 고정 메뉴야. 무게도 표준화했으며, 요리하는 방식도 늘 똑같지. 중국에서는 살아 있는 것의 거의 대부분이 '웍' 안으로 사라져. 바닥이 둥글고 깊은 이 프라이팬 안에서는 각종 요리가 아주 빠르게 익어 가지. 개고기를 볶는가 하면, 심지어 제비집도 웍 안에서 춤을 춰. 이른바 '천년 묵은 달걀'이라 불리는 음식도 유명해. 찰흙 바닥에 몇 달 동안 묻어 두었던 이 달걀은 날것으로 먹는단다.

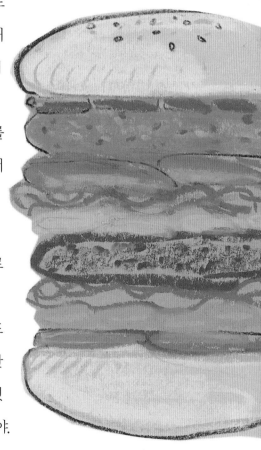

그럼 인간의 식습관에는 어떤 공통점도 없을까? 물론 있어. 첫 번째로 우리는 단맛을 좋아해. 단맛을 즐기는 이유는 무엇보다도 엄마의 젖이 약간 달기 때문이야.

모유에는 '락토스'라고 하는 유당이 들어 있어서 달콤한 맛이 나. 우리는 이런 입맛을 평생 동안 유지하지. 세상에는 술과 고기를 전혀 먹지 않는 나라들도 있어. 생선과 달걀 혹은 특정 야채를 입에 대지 않는 사람들도 있지. 하지만 단맛을 포기하는 사람은 아무도 없어. 이는 마빈 해리스의 동료 시드니 민츠가 발견해 낸 사실이야. "오늘날까지 설탕, 단맛이 나는 우유, 달콤한 음료수, 단 과자 따위를 거부하는 인간 집단은 발견되지 않았다." 바로 여기에 맥도날드와 같은 햄버거 체인점들의 성공 비결이 숨어 있어. 판매하는 메뉴의 대부분에 약간의 당분을 섞기 때문이지. 새콤달콤한 맛은 누구도 거부하지 못하니까.

두 번째 공통점은, 우리는 어려서 누구도 시고, 맵고, 쓰고, 짠 것을 좋아하지 않았다는 사실이야. 하지만 자라는 동안 자신이 살고 있는 곳의 음식 문화를 접하며 이러한 거부감을 극복하게 되지. 어린아이는 보통 낯선 음식이나 음료수를 8번에서 10번 정도 맛보면 그 새로운 맛을 받아들이거든. 그런 다음 어른이 되면 하루 종일 쓴맛이 나는 음료를 즐겨. 쓴맛에 열광하는 태도는 갈수록 심해지지. 중국 사람들은 쓴맛의 녹차를, 남아메리카 사람들은 쓰디쓴 마테 차를, 영국 사람들은 쓴 맥주나 진을 마셔. 매운맛과 신맛도 마찬가지야. 독일 사람들은 고기와 소시지에 겨자나

고추냉이를 얹어 먹어. 러시아와 우크라이나에서는 야채를 식초에 재워서 먹고, 몽골 사람들은 신 우유를 즐겨 마시지.

이런 전통적인 식습관에는 언제나 그래야만 하는 현실적인 이유가 숨어 있어. 이 세상의 모든 요리는 주어진 자연환경과 문화적 관습이라는 조건을 지켜야 하거든. 그래야 살아가는 데 꼭 필요한 영양소를 얻을 수 있기 때문이기도 하고. 예를 들어 아시아와 인도와 멕시코의 '매운 요리'는 그곳 사람들이 고기를 거의 먹을 수 없기 때문에 생겨난 거야. 늘 똑같은 탄수화물, 이를테면 빵이나 쌀 혹은 옥수수만 먹으면 이내 질리게 돼. 그런데 이 지역에는 후추나 매운 고추같이 양념으로 쓸 수 있는 식물들이 많이 자라. 이런 것들을 섞어 매운맛이 나게 함으로써 입맛을 북돋우는 것이지. 그럼 입맛도 살아날 뿐만 아니라 소화에도 도움이 되거든.

사람보다도 소가 더 많은 아르헨티나에서는 당연히 쇠고기를 즐겨 먹어. 그런데 왜 인도 사람들은 아르헨티나 사람들처럼 쇠고기를 즐겨 먹지 않을까? 거리마다 소가 큰 눈을 껌벅이며 서 있는데도 말이야. 그러나 여기에도 숨은

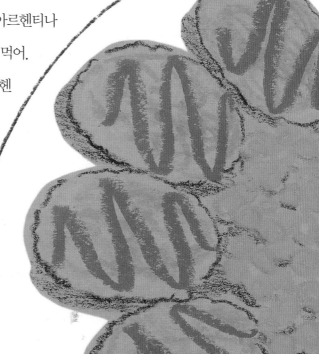

뜻이 있어. 만약 소를 육류 섭취의 주공급원으로 삼으면, 금방 소가 멸종해 버릴 거야. 소는 우유를 제공할 뿐만 아니라 배설물로 많은 도움을 줘. 말린 소똥은 땔감으로 쓰거나 지붕을 덮는 재료로도 사용할 수 있거든. 그리고 소는 도시의 거리 곳곳에 버려진 야채 쓰레기 같은 것을 먹어 치우기도 해.

그럼 이슬람 국가들은 왜 돼지고기를 먹지 못하게 할까? 이슬람의 핵심 지역인 중동에는 돼지처럼 예민한 동물이 누워서 쉴 만한 서늘한 그늘이 없어. 돼지는 소나 낙타처럼 쟁기를 끌거나 짐을 나를 수도 없지. 또 양이나 염소와 달리 풀을, 하물며 가시덤불의 이파리조차 먹지 않아서 사람이 먹는 음식을 나눠 줘야 해. 게다가 우유를 얻을 수도 없지. 사정이 이렇다 보니 이슬람 국가들에선 돼지를 거의 키우지 않아 귀한 동물이 되었고, 아직 이슬람 사람들은 돼지고기의 맛에 길들여지지 않은 것뿐이야.

이렇게 본다면 특정 음식을 보고 느끼는 우리의 혐오감도 설명할 수 있어. 유럽에 사는 곤충의 크기는 매우 작고, 잡아먹을 수 있는 커다란 야생 동물 혹은 사육 동물은 많아. 이를테면 토끼, 닭, 오리, 사슴, 돼지, 소에 이르기까지 말이야. 그래서 유럽 사람들에게 족발, 닭튀김, 스테이크와 같은 음식은 익숙하고 거부감이 없지만, 튀긴 개미나 메뚜기는 낯설고 어색해서 보기만 해도 질겁하는 거야.

아마존 지역과 같은 열대림의 경우는 사정이 달라. 열대림에는 잡아먹을 수 있는 커다란 야생 동물은 별로 없고, 대신 곤충이 많아. 예를 들어

개미의 종류만 해도 북반구에 비해 엄청나게 다양해. 또 불을 피워서 구워 먹기에 알맞은 크기지. 다른 지역에서는 개미 대신 메뚜기나 거미의 크기가 불에 구워 먹기에 좋아서 즐겨 먹어. 이런 한입거리들은 지방질이 많은 돼지고기보다 훨씬 더 건강한 음식이야.

5장_ 여기서는 북쪽이 어디야?

방향을 잡는 기준도 문화에 따라 다를까?

　호주의 어느 밀림 한복판. 아무리 눈을 씻고 찾아봐도 이정표나 안내판은 전혀 보이지 않아. 하물며 우뚝 솟은 암벽 같은 것도 없고, 어디를 보나 똑같은 모습의 덤불과 나무뿐이야. 이곳에선 누구나 길을 잃을 게 분명해. 단, 호주 북부 지역에 살고 있는 원주민 '구우구 이미티르'는 예외야. 이들은 그냥 척 보고 달려도 방향을 정확하게 찾아. 마치 머릿속에 나침반을 갖고 있는 것처럼 말이야. 심지어 어둠 속에서도 길을 잃는 법이 거의 없어. 방향 찾기의 세계 챔피언이랄까. 우리 같은 보통 사람들은 도저히 흉내 낼 수 없을 정도지.

　우리는 왜 그럴 수 없을까? 대체 방향 찾기는 어떻게 이루어지는 걸까? 사람은 모두 똑같은 방향 감각을 가지고 태어나는 게 아닐까? 남쪽을 찾아가는 철새들은 기가 막힌 방향 찾기 실력을 자랑해. 지형 정보 외에도 해와 달의 위치 및 지구의 자력도 고려해 가며 방향을 잡거든. 이와 반대로 인간의 방향 찾기는 단순해. 가까이 있는 것을 찾을 때에는 시각이 아닌 촉각을 이용하기도 하지. 옷장이라는 미지의 우주에 손을 넣고 더듬으며 원하는 옷을 찾는 것처럼 말이야. 길을 오갈 때에는 귀로 듣는 소리에도 의존해. 하지만 인간은 방향을 찾을 때 대개 눈을 사용한단다.

전체를 한눈에 살펴보기 위해 우리는 길 모양과 특징적인 건물 같은 것을 이용해 머릿속에 간단한 약도를 그리곤 해. 처음 간 낯선 곳에서 길을 찾는 가장 확실한 방법으로 사람들은 두드러진 지형물을 찾아. 그리고 각각의 지형물을 이어 축을 그리지. 예를 들어 독일의 베를린을 찾은 관광객은 '브란덴부르크 문'에서 '알렉산더 광장의 TV 탑'으로 이어지는 축을 머릿속에 그려. 그런 다음 모든 다른 길과 건물들을 이 축을 중심으로 정리하지. 이때 우리가 주로 사용하는 것은 오른쪽과 왼쪽의 구별이야. 세계를 우리 몸을 중심으로 살피는 거지. 내 왼쪽에는 '훔볼트 대학교'와 다섯 개의 박물관이 모여 있는 '박물관 섬'이, 오른쪽에는 '붉은 시청'이 있구나 하는 식으로 말이야.

오랫동안 학자들은 전 세계 모든 문화권의 사람들이 그렇게 행동할 거라고 믿었어. 그러나 이런 '내비게이션 시스템'에는 결정적인 약점이 있어. 몸의 방향을 바꿀 때마다 정리한 것이 뒤죽박죽된다는 거야. 내가 맞은편에 서 있는 사람에게 "오른쪽을 봐!"라고 말하면, 상대방은 왼쪽을 보게 되는 것처럼 말이야. 비슷한 문제는 지도를 볼 때에도 발생해. 우리는 우선 자신이 지금 어디에 있는지를 찾은 다음, 지도의 방위를 실제 상황과

맞춰. 그렇지 않으면 지도는 우리를 브란덴부르크 문에서 알렉산더 광장의 TV 탑으로 이끄는 게 아니라, '크로이츠베르크'나 '샤를로텐베르크' 혹은 '베딩'으로 움직이게끔 할 수도 있으니까. 택시나 버스를 타고 빙빙 돌아다니다 보면 방향 찾기는 더욱 힘들어. 머릿속에 그렸던 지도가 뒤섞여 버리고 마니까.

그럼 구우구 이미티르 사람들에게는 왜 이런 일이 일어나지 않는 걸까? 이들이 가진 비밀은 간단해. 구우구 이미티르 사람들의 내비게이션 시스템은 왼쪽이나 오른쪽을 말하는 상대적인 방향 찾기가 아닌 절대적인 방향 찾기야. 다시 말해서 이들은 언제나 하늘의 방향만을 기준으로 삼지. 구우구 이미티르 말에는 '왼쪽'과 '오른쪽'이라는 단어도, 심지어는 '앞'과 '뒤'라는 단어도 없어. 장소와 방향을 지시하는 말은 오직 하늘의 네 방향을 가리키는 말뿐이야. 궁가(북쪽), 지바(남쪽), 구와(서쪽) 그리고 나가(동쪽).

"너는 내 오른쪽에 있어."라고 말하는 대신, 그들은 "너는 내 동쪽에 있어."라고 말해. 그리고 누군가 옆으로 약간 비켜 서야 한다면, 이들은 "나가-나가 마나아이?"라고 말하지. 이는 "약간 동쪽으로 갈래?"라는 뜻이야. 결정적인 차이는 지시를 하는 사람이 뒤를 돌아보았을 때 분명해져. 지시를 받은 사람은 이제 지시를 한 사람의 왼쪽에 서 있는 셈이 되지만, 동쪽에 있는 것은 변하지 않아.

구우구 이미티르 사람들은 방향을 나타내는 단어를 우리보다 훨씬 더 자주 써. 열 마디 가운데 적어도 한 마디는 동쪽, 서쪽, 남쪽, 북쪽이라는 단어지. 절대적인 방향을 가리키는 단어를 워낙 자주 사용하는 덕에 이들은 어디가 동쪽이고 어디가 서쪽인지에 대해 한순간도 고민할 필요가 없어. 방향 찾기는 자동적으로 이뤄지니까. 이스라엘의 언어학자 기 도이처는 다음과 같이 말하며 열광했어. "구우구 이미티르는 절대 음감과 비슷한 절대 방향 감각을 자랑한다!"

이들의 방향 감각은 텔레비전을 시청할 때에도 그 위력을 고스란히 발휘해. 화면에서 말을 탄 카우보이가 카메라를 향해 달려오고 있다면, 자신이 어디서 화면을 보고 있는지에 따라 하늘의 방향을 정확히 짚어 내지. 이를테면 이런 식으로 말이야. "카우보이가 북쪽에서 남쪽으로 달리고 있군."

물론 이런 환상적인 방향 감각도 구우구 이미티르 사람들이 호주로 이주해 들어온 유럽 사람들에 의해 변두리로 밀려나는 것을 막아 주지는 못했어. 그리고 오늘날 구우구 이미티르의 젊은 후손들은 그들의 전통 언어보다 영어를 더 잘해. 이로써 그 환상적인 방향 감각도 점차 힘을 잃어가고 있지.

구우구 이미티르 사람들을 만나 본 많은 이들은 "그것 참 희한하군!"이라고 말하며 머리를 긁적여. 또한 아직도 이들을 아주 특별한 예외라고 생각하는 사람들이 많아. 하지만 이들만 예외가 아니야! 네덜란드의 과학자들은 오랜 연구 끝에 세계 언어의 3분의 1이 절대적인 방향 찾기 방식을 갖고 있다는 사실을 밝혀냈어. 이런 언어가 호주의 밀림 같은 지역이나 환경에서만 나타나는 건 아니야. 저 멀리 남태평양의 폴리네시아에서부터 히말라야의 네팔에 이르기까지 광범위하게 나타나지.

발리 섬 원주민들의 언어도 여기에 속해. 발리 섬 원주민들은 두 가지 자연의 축에 따라 방향을 잡아. 하나는 태양이 동쪽에서 서쪽으로 움직이며 그리는 축이고, 다른 하나는 섬에서 가장 우뚝 솟은 아궁 화산의 꼭대기에서부터 해변에 이르는 축이지.

왼쪽과 오른쪽만 말하지 않고 최소한 두 마디마다 한 번씩 동서남북을 가리키는 단어를 사용하며, 특이한 풍경을 언급할 것! 이렇게 한다면 누구나 절대적인 방향 감각을 충분히 갖출 수 있을 거야. 물론 아주 어려서부터 배우기 시작해야겠지. 우리의 방향 감각은 어린 시절에 만들어지니까. 발리 섬의 아이들은 이런 식의 방향 찾기를 두 살 반 때부터 배우기 시작해서 여덟 살이면 완전히 터득한다고 해. 짐작컨대 아이들을 잠재울 때 머리를 항상 같은 방향에 두는 것도 큰 도움이 되는 모양이야. 반대로 대도시에 사는 우리들은 방향 감각을 키울 기회조차 갖지 못해. 교통 편의를 위해 여러 도로들이 주거 지역 곳곳을 가로지르며 잘게 끊어 놓았기 때문이지.

그런데 과학 기술이 발달한 오늘날에도 절대적인 방향 감각이라는 게 필요할까? '가'라는 지점에서 '나'라는 지점을 찾아가려면 디지털 기술을 이용한 길 찾기 프로그램을 쓰면 되는데 말이야. 그리고 요즘 나오는 신형 자동차의 대부분에는 내비게이션 장치가 있잖아. 휴대 전화 역시 GPS(위성 항법 장치)를 통해 길 안내를 해 주는 프로그램을 제공하고 말이야. "전방 100미터에서 좌회전입니다. 그런 다음 2킬로미터 직진하세요."

하지만 도시와 건물을 공들여 묘사한 온라인 게임을 할 때든, 인터넷 서핑을 할 때든 사이버 공간에서도 인간의 방향 감각은 아주 중요한 역할을 해. 현실 세계에서 방향을 찾지 못하고 헤매는 사람은 사이버 공간에서도 똑같은 어려움을 겪게 마련이니까. 컴퓨터 앞에 앉아 모니터 화면을 바라보는 구우구 이미티르 사람들은 아마 가장 먼저 이렇게 물어볼 거야. "여기서는 북쪽이 어디야?"

6장_ 나누거나 베끼거나 교환하거나 훔치거나

정복과 교류는 문화를 어떻게 변화시켰을까?

약 2백만 년 전 아프리카 동부 지역에서 우리의 먼 조상은 두 가지 놀라운 일을 벌였어. 먼저 돌을 깎아 여러 도구들을 엄청나게 많이 만들었으며, 그것을 가지고 세계를 누비기 시작했지. 인간의 식을 줄 모르는 호기심은 중간중간 잠잠해질 때도 있었지만, 오늘날까지 우리를 세상 곳곳으로 떠나게 만들고 있어.

호기심을 바탕으로 인류는 대대로 여러 차례 지구를 정복했어. 아니, 지구의 상당 부분을 정복했다고 말하는 게 더 정확할 거야. 인류는 가는 곳마다 돌로 만든 도구를 남겼고, 많은 경우 몇 조각의 유골만으로도 자신들의 발자취를 짐작할 수 있게 했지. 지금까지의 연구 결과에 따르면 약 160만 년 전 팔레스타인과 코카서스 남부 지역, 78만 년 전 이베리아 반도에 '호모 에렉투스'가 살았어. 60만 년 전에는 그 후계자인 '하이델베르크인'이 유럽 중부 지역에 도달했지. 당시 하이델베르크인은 이미 창을 만들어 썼으며, 불을 사용할 줄 알았어. 뒤를 이어 약 20만 년 전에는 '네안데르탈인'이 나타났어. 네안데르탈인은 북유럽의 추운 빙하기까지 이겨낼 정도로 아주 건장했지. 거의 같은 시기에 아프리카 동북부 지역에서는 오늘날의 인간, 곧 '호모 사피엔스'가 나타났어. 호모 사피엔스는 어떻게 살았을까 하는 물음에 대한 답은 오늘날 아프리카 사바나에 사는 산족*의 모습에서 고스란히 확인할 수 있단다.

산족은 체구는 작지만 아주 강인한 부족이야. 그들의 갈색 피부는 뜨거운 햇빛을 잘 막아 줘. 작은 그룹을 이루어 살며, 창과 활을 가지고 영양과 같은 동물들을 사냥해. 좀 더 정확히 말하면, 동물이 죽을 지경에 이를 때까지 쫓아다니지. 영양은 훌륭한 달리기 선수지만, 몸의 열기를 식히기 위해서는 자주 쉬어야 해. 반대로 호모 사피엔스는 진정한 마라톤 선수야. 땀을 흘려 몸에 넘치는 열기를 밖으로 빼낼 수 있거든. 그래서 지친 동물들을 은신처에서 다시 몰아내어 계속 뛰게 만들어. 결국 동물들은 힘이 다 빠진 나머지 결정타를 맞게 되지.

호모 사피엔스는 먼저 아프리카 대륙 전체로 퍼져 나갔어. 그러다가 약 6만 년 전쯤 차차 지구 전체를 정복하기 시작했지. 고작 몇 백 명밖에 되지 않는 사람들이 더 좋은 사냥터와 낚시터를 찾기 위해 매년 몇 킬로미터씩 꾸준히 바닷가와 가까운 지역으로 이동했어. 약 5500년 전, 이들은

---

* 산족 : 부시먼족이라고도 한다. 1990년에 이뤄진 조사 결과에 따르면 인구는 약 5만 명으로, 아프리카 남부 지역을 중심으로 앙골라, 남아프리카 공화국에도 일부 거주하고 있다.

중동을 지나 아시아 남동부 지역의 끝자락에 이르렀어. 거기서 다시 뗏목을 타고 호주의 뉴기니와 태즈메이니아에 도달했지. 물론 바다를 건너지 않고 아시아 대륙 안쪽으로 이동한 호모 사피엔스도 많았어. 이들은 4만 년 전, 오늘날 중국에 해당하는 지역에 도착했단다.

비슷한 시기에 호모 사피엔스는 네안데르탈인이 살고 있는 유럽 지역에도 다다랐어. 결국 네안데르탈인은 이주민인 호모 사피엔스에게 밀려나고 말았지. 서로 경쟁이 심해서 그런 것일 수도 있고, 또는 이 지역의 날씨가 춥고 땅이 비옥하지 않아서 더 뛰어난 사냥 솜씨를 가진 호모 사피엔스에게 유리했을 수도 있어. 그만큼 호모 사피엔스는 북유럽의 자연환경에 빠르게 적응하며 살아남는 법을 터득했어. 함정을 파서 동물을 잡는가 하면, 투창기와 같은 새로운 무기를 만들어 내기도 했지. 집단은 빠르게 성장하면서 독특한 문화를 일구어 냈어. 그릇과 옷, 보석과 악기는 물론이고, 종교 제례와 장례 형식도 갖추어 나갔지. 그 후 3만 년 전의 인류는 시베리아 북쪽의 극지와 같은 추운 곳에서도 살아남아 매머드와 털 코뿔소를 사냥했어.

그런데 대체 인간은 영하 50도의 추운 극지는 물론이고, 영상 40도의 뜨거운 사막에서도 어떻게 살아남을 수 있었을까? 그 이유는 인간의 적응력이 갈수록 좋아졌기 때문이야. 강한 햇빛으로부터 자신을 보호하기 위해 검은 피부색이 더욱 검어진 사람들이 적지 않았지. 또한 뜨거운 사막에 사는 사람들은 대단히 공격적이었어. 여자들을 다른 지역의 남자들로부터 지키기 위해 끝없이 싸움을 벌였거든. 20세기만 해도 외지인들은 사하라 사막이나 아라비아 반도에 들어갈 엄두도 내지 못했단다.

반대로 지구의 북쪽 지역에 사는 사람들의 피부는 갈수록 하얘졌어. 자주 볼 수 없는 햇살을 조금이라도 더 피부로 받아들이기 위해서였지. 이외에도 물개의 고기를 날로 먹는 법을 알게 된 후 알래스카와 그린란드 같은 얼음투성이의 땅에서도 살아갈 수 있게 되었어. 대부분의 시간을 서로 옹기종기 모여서 지내다 보니 이곳 사람들은 아주 온화했어. 낯선 사람이 찾아오면, 이곳 남자들은 아내에게 친절히 대접할 것을 당부했지.

대부분의 사람들은 1만 년 전에서 5000년 전 사이, 춥지도 뜨겁지도 않은 적당한 곳에 자리를 잡고 살게 되었어. 사냥꾼에서 점차 농부와 목축업자로 변신했지. 이는 곧 한곳에 정착해서 살게 되었음을 뜻해. 이렇게 정착하여 살게 되면서부터 사원을 세우는 종교 문화가 생겨났어. 이때 사람들은 주로 마을 단위의 공동체를 이루어 살았어. 많은 것을 이웃에게 얻거나, 그냥 고스란히 베껴 만들거나, 교환하거나, 그것도 여의치 않으면 훔쳤지. 이런 과정을 거치는 동안 몇몇 그룹의 세력은 갈수록 강대해졌어. 미국의 인류학자 로버트 카네이로*가 추정한 바에 따르면, 기원전 1000년경에 약 50만 개의 무리와 마을과 부족이 있었을 것이라고 해. 이는 곧 함께 생활하고, 서로 사귀며, 세상을 이해하는 50만 개의 서로 다른 다양한 문화가 있었다는 뜻이야. 정말이지 엄청난 보물이 아닐 수 없는

---

* 로버트 카네이로(Robert Carneiro) : 1927년생의 미국의 인류학자로, 각 국가의 기원을 밝히는 데 많은 공을 세웠다.

이 '문화 다양성'이라는 자산은 지난 3000년 동안 계속해서 줄어들었어.

그렇게 된 이유는 대륙을 가로지르는 길들이 교차하는 곳, 이를테면 중동에서 많은 싸움이 일어났기 때문이야. 서로 다툼을 벌이는 동안, 적지 않은 무리와 부족이 몰락하고 말았거든. 물론 싸움도 있었지만 거래도 이루어졌어. 서로 물건을 사고팔면서 도시가 생겨났지. 최초로 문명이 출현한 셈이야. 싸움과 거래가 이루어지는 동안 갈수록 많은 집단들이 힘을 합쳤어. 평화적인 경우는 드물었고, 주로 무력을 써서 상대를 내 편으로 만들었지. 몇 개의 커다란 왕국이 생겨나면서 민족들은 합쳐졌어. 하지만 강대한 왕국을 이루었다가 나중에 스스로 몰락한 경우도 많았단다.

그 좋은 예가 히타이트 제국이야. 이 인도 게르만족은 기원전 3000년경 흑해 지역에서 아나톨리아 중부의 고원 지대로 치고 올라가면서 그곳에 살고 있던 하티족을 몰아냈어. 그런 다음 많은 왕궁을 자랑하는 대도시 하투샤를 세웠지. 전성기에는 전차를 타고 터키의 에게 해 연안에서부터 시리아의 유프라테스 강에 이르는 지역을 모두 차지할 정도로 힘이 막강했어. 그런데 히타이트 제국은 기원전 1200년경 돌연 몰락하고 말았어. 그 원인은 아직까지 밝혀지지 않았단다. 이들 문명의 흔적이 다시 발견된 것은 3000년이나 지난 19세기 말에 이르러서였어.

이런 정복의 과정 속에서 사람도 생각도 섞이게 되었어. 이를테면 로마 사람들은 정복한 땅의 사람들에게 도시를 지어 주고, 법체계를 만들어 주었으며, 반대로 낯선 종교와 다른 문화를 많이 받아들였지.

하지만 약 500년 전 세계를 정복하기 시작한 유럽 사람들의 모습은 전혀 달랐어. 이들은 아프리카와 아시아, 아메리카의 민족들에게 기독교와 백인종의 우월함만을 강요했거든. 1914년 제1차 세계 대전이 터지기 직전, 유럽 국가들은 전 세계를 남김없이 나누어 가졌어. 그것이 인류 문화의 다양성에 끼친 결과는 가히 파괴적이었지. 시간이 지날수록 많은 민족이 흔적도 없이 사라졌어. 항체를 갖고 있지 않은 질병이 유럽 사람들에 의해 옮겨진 탓이기도 했고, 약탈과 노예화 때문이기도 했지. 간신히 살아남은 원주민조차 시간이 지날수록 그들의 전통과 언어를 잊어버렸어.

오늘날 학자들은 지구상에 5000개가 넘는 민족이 있다고 추정하고 있어. 세계의 여러 민족이 사라지고 있는 반면, 새로 생겨난 민족은 지극히 적어. 이민, 국제결혼은 시간이 지날수록 늘고 있는데 말이야. 학자들은 100여 개의 민족에 대해 겨우 존재를 알 뿐, 실상은 전혀 알지 못해. 학자들이 모르는 민족들은 주로 호주의 뉴기니와 브라질의 원시림에 사는 것으로 알려져 있어. 이처럼 '외부와 접촉이 없는 민족들'은 여전히 다른 민족들과 관계 맺고 싶어 하지 않아. 그러나 이들의 훼손되지 않은 고유 문화조차 벌목꾼들과 황금을 찾아다니는 사람들에게 갈수록 시달리고 있어.

7장_유치원과 원시림과 쓰레기장 사이에서

각 나라 아이들은 어떻게 자랄까?

북아메리카의 많은 인디언 부족, 이를테면 이로쿼이족*과 델라웨어족**은 하루 종일 엄마가 아기를 천으로 감싸 업고 다니며, 두 살이 될 때까지 젖을 먹이는 풍습이 있어. 엄마와 아빠는 아이에게 지극한 사랑을 베풀며 어떤 것도 강요하는 일이 없지. "아이를 자유 의지를 가진 인격체로 보고 절대 때리거나 벌을 주는 일이 없었다." 200년 전 이들을 지켜본 어느 선교사의 말이야.

그럼 나중에 이로쿼이족의 아이들은 온화한 성품의 어른으로 자라날까? 아니, 그 반대야. 이로쿼이족은 아주 용맹한 전사를 키워 내. 적진의 한복판으로 숨어 들어가 말을 훔쳐 올 정도로 대담하지.

그러나 강력한 무기를 가진 백인 이주민들이 갖고 들어와 퍼뜨린 질병과 이른바 '불 물'***이 이로쿼이족을 몰락시키고 말았어. 이런 현상을 한 여성 민족학자는 다음과 같이 설명해. "아이를 평화롭게 키우지 않고 거칠게 다룬다고 해서 용감무쌍한 전사가 나오는 게 아니다. 오히려 아이가 어른들의 행동과 규칙을 본받고 따르며 부모의 사랑을 받을 때 용맹한 전사가 길러진다."

성격이 강하거나 약하거나 하는 차이는 아주 어릴 때 이미 결정돼. 서양의 부모들은 출근을 하기 위해 아이를 새벽부터 유치원에 맡기지만, 거의 모든 원시 부족은 아이와 늘 함께 지내며 우리는 한편이라는 굳은 믿음을 심어 줘. 아주 어릴 때부터 부모가 이렇게 관심을 쏟으면 세 살에서 다섯 살 사이의 원시 부족 아이들은 서양의 또래들에 비해 훨씬 더 의젓하고 씩씩해지지. 유아기 때의 이런 독립성은 또래끼리 어울리면서 더욱 강해지는데, 호주 뉴기니와 남태평양의 몇몇 섬 원주민들 그리고 특히 아프리카 서부 지역의 부족들, 예를 들면 칼라하리 사막의 부시먼족에게서 흔히 나타나.

아이들은 또래 친구들과 어울리며 서로 많은 것을 배워. 자신보다 나이가 많은 형이나 언니들에게 사냥하는 법과 도자기 빚는 법 따위를 배우면서 공동체 생활에 필요한 올바른 행동을 익히지. 거의 모든 종류의 놀이, 이를테면 규칙이 분명한 대결은 이런 교육이 이뤄지는 현장이야. 대결을

---

* 이로쿼이족 : 다섯 개의 부족이 연대해 이루어진 아메리카 원주민 그룹이다. 이 부족 사람들은 이로쿼이라는 이름 대신 스스로를 하우데노사우니(Haudenosaunee, 함께 집을 짓는 사람들)라고 부른다.
** 델라웨어족 : 미국 동부 지역에 살다가 '인디언 이주법'이 공표된 후 미국 서부에 있는 오클라호마 주로 강제 이주당했다.
*** 불 물 : 알코올 도수가 높은 '화주'로, 위스키나 브랜디와 같은 술을 말한다. 인디언들은 처음 마셔 보는 술이 속에서 불을 일으키는 것 같다고 해서 '불 물'이라고 불렀다.

통해 서로 돕는 법을 깨닫지. 또래와의 단체 활동이 부모와의 관계보다 훨씬 더 중요한 시기도 있어.

원시 부족의 아이는 아주 어릴 때부터 동물을 돌보거나 각종 열매를 따고 채소를 가꾸는 일을 맡아서 해야 해. 반면, 비슷한 또래의 유럽과 미국의 아이들은 유치원을 다니거나 자기 방에서 놀 뿐이야. 유럽과 미국 사람들은 적어도 지난 200년 동안 아이들을 이렇게 키워 왔어. 물론 20세기 초까지는 유럽과 미국의 가난한 집 아이들도 어른처럼 일을 해야만 했지. 오늘날 우리가 흔히 떠올리는 '어린 시절'은 사실 완전히 새롭게 지어낸 것에 불과해. 어린 시절을 인생의 한 단계로 보기 시작한 것은 17세기 이후의 일이거든. 그 이전의 아이들은 그저 '작은 어른'으로 취급받았고, 어떤 '특별 대우'도 받지 못했어. 인형, 장난감 병정과 기차를 갖고 노는 아이들의 문화는 19세기 중반 이후에 비로소 생겨났지.

아이들의 하루 일과가 학교와 집이라는 두 부분으로 나뉜 것도 19세기 중반부터야. 학교에서는 공부를 하고, 집에서는 부모와 형제자매와 함께 지냈지. 하지만 옛날의 대가족(할아버지와 할머니, 삼촌, 숙모 등이 함께 사는 가족)은 갈수록 의미를 잃어 갔어. 오늘날의 아이들은 엄마와 아빠 어느 한쪽하고만 같이 살기도 해. 홀로 자식을 키워야 하는 엄마나 아빠는 돈을 버느라 아이를 돌볼 시간을 거의 내지 못하지.

어린 시절에는 본래 두 가지 가능성만 있어. 하나는 마음껏 뛰놀면서 어른들의 관심은 별로 받지 못하는 것이고, 다른 하나는 어른들의 진지한 관심 속에서 어릴 때부터 숙제와 일을 하느라 놀 시간을 거의 갖지 못하는 거야. 아프리카와 아시아, 남아메리카 많은 지역의 아이들은 학교에 가서 공부할 시간도, 돈도 없는 어려움을 겪고 있어. 그래서 어른이 되어서도 좋은 직업을 갖지 못한단다.

방글라데시와 같은 나라에서는 여전히 아동 노동, 예를 들어 아이들이 섬유 공장에서 일을 하거나 거리에서 물건을 파는 일이 널리 퍼져 있어. 1989년에 190여 개가 넘는 나라들이 유엔(UN)의 아동보호조약에 서명을 했음에도, '보호, 배려, 존중'을 누리지 못하는 아이들은 아직까지 많기만 해. 그뿐만 아니라 전 세계적으로 10억 명에 달하는 아이들이 전쟁과 갈등과 추방에 시달리고 있어. 팔레스타인과 같은 나라의 어린 소년들은 전투복을 입고 무기를 든 채 퍼레이드를 해야만 해. 많은 아프리카의 청소년들은 마을에서 강제로 끌려가 소년병으로 내전에 투입되고 있지. 또 그곳의 소녀들은 13살이나 14살 때 몇 푼 되지 않는 돈에 팔려 강제로 결혼해야만 해.

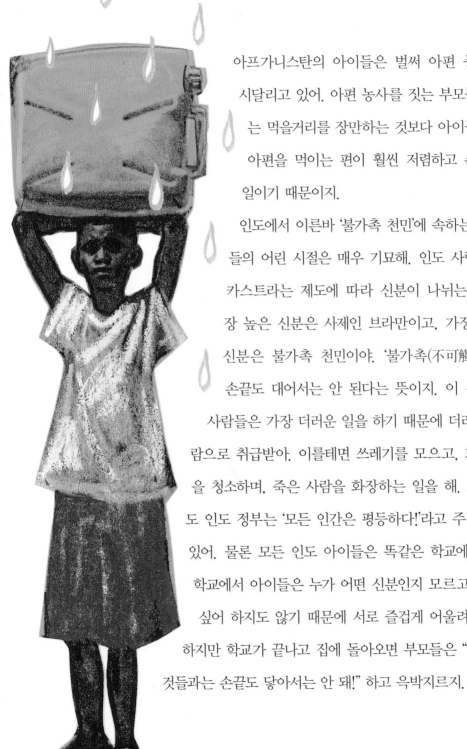

아프가니스탄의 아이들은 벌써 아편 중독에 시달리고 있어. 아편 농사를 짓는 부모들에게는 먹을거리를 장만하는 것보다 아이들에게 아편을 먹이는 편이 훨씬 저렴하고 손쉬운 일이기 때문이지.

인도에서 이른바 '불가촉 천민'에 속하는 아이들의 어린 시절은 매우 기묘해. 인도 사람들은 카스트라는 제도에 따라 신분이 나뉘는데, 가장 높은 신분은 사제인 브라만이고, 가장 낮은 신분은 불가촉 천민이야. '불가촉(不可觸)'이란 손끝도 대어서는 안 된다는 뜻이지. 이 신분의 사람들은 가장 더러운 일을 하기 때문에 더러운 사람으로 취급받아. 이를테면 쓰레기를 모으고, 화장실을 청소하며, 죽은 사람을 화장하는 일을 해. 그럼에도 인도 정부는 '모든 인간은 평등하다!'라고 주장하고 있어. 물론 모든 인도 아이들은 똑같은 학교에 다녀. 학교에서 아이들은 누가 어떤 신분인지 모르고, 알고 싶어 하지도 않기 때문에 서로 즐겁게 어울려 놀아. 하지만 학교가 끝나고 집에 돌아오면 부모들은 "더러운 것들과는 손끝도 닿아서는 안 돼!" 하고 윽박지르지.

그럼 미래의 아이들이 누릴 어린 시절은 어떤 모습일까? 이를 알아보려면 세계 경제 대국 가운데 한 곳인 중국을 살펴봐야 해. 중국 정부는 공식적으로 모든 부부에게 한 명의 자녀만 키우도록 명령했어. 그래야만 중국의 인구를 줄일 수 있으니까. 그런데 실제로 중국의 인구수는 계속 늘어나고 있어. 현재 중국의 총인구수는 대략 13억 명이라고 하지만, 정확한 인구수는 아무도 몰라.

중국은 미국이 갖고 있는 세계 최대의 경제권을 빼앗을 야심도 갖고 있어. 이 목표를 이루기 위해 값싼 대량 생산품 산업에서 손을 떼고 자동차, 비행기, 컴퓨터와 같은 하이테크 상품 산업에 관심을 갖기 시작했지. 앞으로 중국은 수많은 엔지니어와 과학자를 필요로 할 거야. 공산당 지도부의 명령으로 유치원과 각급 학교에서는 조기 교육에 열을 올리고 있어. 중국에는 약 1억 3000만 명의 초등학생이 있는데, 대부분 외아들이거나 외동딸이야. 부모들은 열과 성을 다해 하나밖에 없는 자식을 키우려 노력하지. 그래서 갈수록 더 많은 아이들이 조기 교육이나 영재 교육을 실시하는 시설로 보내져. 중국의 아이들은 두 살 때부터 계산하는 법을 배우고, 세 살 때부터 한문을 쓰고 읽어. 쉬는 시간에는 젓가락 사용하는 법을 연습하며 긴장을 풀고, 입을 모아 영어로 이렇게 외치지. "We are the winners(우리가 승자다)!"

8장_ 시간은 지구 어디에서나 똑같이 갈까?

시간의 개념이 다르면 어떤 일이 벌어질까?

만약 언제나 시간을 정확히 지키는 미국인 교수가 브라질 대학생들을 만난다면, 어떤 일이 벌어질까? 예를 들어 브라질의 해안 도시 니테로이에 있는 대학교 강의실에서 말이야. "제 학생들은 30분, 심지어 몇몇은 1시간이나 늦게 강의에 오더군요. 그런데도 미안한 기색이 조금도 없었어요." 미국 캘리포니아 주립 대학교의 심리학 교수인 로버트 러바인의 말이야. "여자 학장님조차 저를 환영하는 자리에 45분이나 늦게 왔지요."

처음에 러바인 교수는 어리둥절해서 스스로 이렇게 물었다고 해. '혹시 내가 너무 싫어서 그런가?' 러바인 교수는 그 원인을 근본적으로 따져 보기로 결심하고 세계 각지를 다니며 연구한 결과, 인간의 시간 감각이 갖는 비밀을 밝혀냈어.

사정은 이래. 사람들은 대개 모든 만남에 1분도 늦지 않고 정확히 올 뿐만 아니라, 아침에 자명종 없이도 원하는 시간에 일어나. 그런데 위도가 다른 어떤 나라의 사람들은 자신의 결혼식 시간조차 지키지 못해. 이처럼 사람마다 '마음의 시계'가 다르게 가는 이유는 기후 때문일까 아니면 문화적 차이 때문일까?

우선 다음과 같은 점을 생각해 봐야 해. 시간을 정확히 지킨다는 건 우리가 믿는 것처럼 그렇게 당연한 일이 아니야. 시간을 정확히 지키는 것은 추상적인 시간 단위, 곧 시계에 우리의 생활을 맞추는 일이라는 걸 먼저 알아야 하지. 18세기와 19세기에 사람들은 시계 보는 법을 익히기 위해 무척 많은 노력을 기울였어. 아침 일찍 정해진 시간에 공장 문 앞에 서 있어야 한다는 사실을 배우기까지 몇 세대에 걸친 긴 시간이 필요했단다. 특히 이런 교육이 잘 이뤄진 곳은 미국과 유럽, 그중에서도 스위스와 독일이었어.

그러나 시간을 정확히 지키는 일은 주변 환경으로부터 많은 영향을 받아. 150년 전, 그러니까 미국 서부 개척 시대 지도에는 어느 정도 규모가 되는 지역마다 시간이 각각 달랐어. 각기 다른 70여 개의 시간은 산업 활동과 운송을 어렵게 만들었지.

오늘날까지도 시계는 시간을 하나로 통일해 주는 역할을 하지 못하고 있어. 시계가 정확히 간다고 해서 모든 사람들이 시계에 맞춰 행동하지는 않거든. 아랍과 아프리카 몇몇 국가들에서 시계를 갖고 있다는 것은 높은 신분의 상징이야. 손목시계를 찬 사람이 권력자인데, 권력자가 무슨 시간 계획을 따르겠어.

이른바 '영어권 사람들의 정확한 시간 감각' 외에도 지구상에는 다양한 시간 감각이 존재해. 브라질과 같은 열대 지역 사람들 특유의 마음 시계는 '마냐나*'라고 해. 멕시코 사람들은 '오라 멕시카나(멕시코 시간)'와 '오라 잉글레사(영어권 시간)'를 구별하지.

또한 발리 섬을 지배하는 시간은 '고무줄 시간'이야. 지금까지 말한 나라의 사람들은 시계의 시간 따위에는 아랑곳하지 않아. 그저 하루 일과가 흘러가는 대로, 그때그때 벌어지는 일에 따라 시간을 고무줄처럼 늘렸다 줄였다 할 뿐이지. 이게 무슨 말인지는 아프리카의 몇몇 나라들, 예를 들어 부룬디 사람들이 하는 말을 들어 보면 분명해질 거야. 이들은 '아침 일찍'이라고 말하지 않고 '소가 들판으로 풀 뜯으러 나갈 때'라고 하며, '점심 때'라고 말하지 않고 '소가 강으로

---

* 마냐나 : '조만간'이라는 뜻의 스페인어이다. 한껏 여유를 부리는 태도와 급할 것 없이 상황에 따라 행동하는 시간 감각을 의미한다.

물 마시러 갈 때'라고 말해.

시간을 연구한 러바인 교수는 시계를 기준으로 시간을 보는 것과 사건을 기준으로 시간을 보는 것의 차이를 다음과 같이 아주 멋있게 표현했어. "아프리카 사람과 미국 사람이 함께 유럽 여행을 떠났다면, 각자 무엇에 시간을 맞출까? 미국 사람은 시간표에 따라 행동할 거야. 말하자면 '오늘은 화요일이구나, 그럼 지금 내가 있는 곳은 브뤼셀이야!' 하는 식이지. 반대로 아프리카 사람은 일에 시간을 맞출 거야. '내가 브뤼셀에 있구나, 그럼 오늘은 화요일이 틀림없어!'하고 말이야."

이처럼 저마다 다른 시간 감각은 각국의 공공 생활에도 큰 영향을 끼쳐. 이를테면 전 세계 모든 우체국 직원이 고객의 편지를 제때에, 정확하고 빠르게 보내는 것을 최우선으로 하는 것은 아니야. 인도나 동남아시아에서 그런 빠른 서비스를 원하는 고객은 약간의 뇌물로 우체국 직원을 꼬드겨야 해. 심지어 인도네시아 자카르타의 우체국 직원은 러바인 교수의 연구원에게 그렇게 급하면 저기 밖에 있는 암상인에게 우표를 사 가지고 오라고 친절히 충고하더래.

진짜 재미있는 일은 서로 다른 두 개의 시간 감각이 충돌할 때 벌어져. 영국 여왕이 모로코 왕과 회담을 갖기로 한 날, 실제로 그런 일이 일어났어. 모로코 왕이 아무렇지도 않게 영국 여왕을 기다리게 만들었던 거야. 당연히 영국의 의전* 장관이 나서서 모로코 사람들은 시간을 지킬 줄 모른다며 비난했지. 그런데 즉각 돌아온 답은 이랬어. "모로코 왕이 시간을 지키지 않는 일은 있을 수 없소! 시간이란 말이오, 폐하의 뜻에 맞추는 것이오!"

브라질 대학생들이 지각을 한 것도 이와 비슷한 이유에서야. 다시 말해 브라질 대학생들이 러바인 교수의 기분을 나쁘게 할 생각으로 일부러 강의에 늦게 온 것은 아니라는 거지. 그들이 경솔해서 벌어진 일도 아니고. 러바인 교수는 학생들의 이러한 태도 이면에 겉으로 드러나지 않은 사회적 표현이 숨어 있음을 알아차렸어. '외국인은 기다려도 돼! 우리는 여기 토박이 사람들이니까, 외국인이 우리를 기다리는 것은 당연해!' 그러니까 브라질 대학생들은 지각을 함으로써 누가 이 땅의 주인인지를 알려 주고 싶었던 모양이야. 이런 행동은 오랫동안 침략에 시달려 온 브라질 사람들의 방어 심리에서 비롯된 것으로 볼 수 있어.

서구 산업 국가에서도 시계의 시간에 맞춰 생활하는 것이 새로운 장애물에 부딪혀 점점 어려워지고 있어. 이를테면 미국의 흑인들은 의도적으로 백인들의 시간과 차이를 두고 싶어 해. 이른바 '컬러드 피플 타임', 곧

---

* 의전 : 행사를 치르는 데 알맞은 예절과 양식을 말한다.

유색인의 시간은 마치 백인들에

게 과시라도 하듯 느려. 인생은 시

간표대로가 아니라 거리 위에서 이루어진

다고 생각하기 때문에 시간에 맞추려 안달하

지 않고 그때그때 상황에 따라 느긋하게 대처

하지. 그래서 흑인들은 별로 중요하지 않은 약

속이라면 거의 시간을 지키지 않아.

　이렇게 서로 다른 시간 감각이 뒤섞이는 일은 다른

곳에서도 얼마든지 찾아볼 수 있어. 느긋한 컬러드

피플 타임 말고도 세계 곳곳에서는 '브라질 시간'이 나타나.

특히 줄을 선 모습을 살펴보면 잘 알 수 있지. 줄의 끝에 서 있는 사람들

은 어떻게든 빨리 앞으로 가려고 서로 밀고 당겨. 하지만 드디어 자기 차

례가 가까워 오면 태도는 돌변해. 상인에게 다시 한 번 사용법을 설명해

달라고 말하며 여유를 부리지. '지금은 내 차례야! 뒤에 있는 너희들은 기

다려도 돼!'

　서구 사회의 칼같이 시간을 지키는 태도조차 점점 발리 섬의 고무줄

시간처럼 변하고 있어. 휴대 전화 덕분에 사람들은 거의 모든 약속을 조

금씩 뒤로 미루지. "거의 다 왔어, 조금만 기다려!"

9장_ 어른이 된다는 것

세계 각국의 성인식은 어떻게 다를까?

　한번 이런 가정을 해 볼까? 너는 12살에서 14살 사이의 소년이야. 그러니까 곧 사춘기를 맞을 나이지. 또한 너는 앙골라 남동부 지역에 살고 있어. 그럼 너에게 곧 다음과 같은 일이 벌어질 거야. 마을의 어른들은 너를 또래 아이들과 함께 어디론가 데리고 가서 가둬. 그리고 마을 사람들이 밤새도록 노래하고 춤추는 동안, 너는 뜬눈으로 밤을 새야 해. 다음 날 이른 새벽이 되면 보기만 해도 무시무시한 탈을 쓴 어른들이 나타나 너를 은밀한 장소로 데리고 갈 거야. 거기서 너는 머리를 박박 깎이고 벌거벗겨진 다음 몸에 문신을 새기게 돼. 그런 다음 남자의 상징, 곧 성기에서 피가 철철 흐르게 되지.

　그날 밤에도 너는 어딘지 모르는 야외에서 홀로 잠을 자야 해. 이렇게 하루를 보내고 나면 어른들은 너를 위해 오두막을 지어 줄 거야. 여기서 너는 몇 달을 홀로 지내야만 해. 단, 어른들 가운데 한 명이 너에게 주기

적으로 찾아와 상처를 돌봐 주며

성인 남자로 살아갈 때 알아야 할 모

든 것을 차근차근 들려줄 거야. 그것은 바로

부족의 역사지. 조상이 살아온 흔적을 되새기며 제사는 어떻게 지내야

하는지, 우리 부족만의 신비한 상징에는 무엇이 있는지 등을 차례로 알려

줘. 그동안 너는 너만의 탈을 깎아 만들어야 해. 어른은 이따금씩 몽둥이

로 네 엉덩이를 때릴 거야. 이유? 이유 같은 것은 없어. 다만 어른은 너에

게 이렇게 말할 거야. "이런 게 인생이야!"

언젠가 어른은 마침내 네가 성장했다는 것을 알게 돼. 그럼 너는 마을

로 돌아갈 수 있어. 마을에선 너를 위한 축제가 벌어질 거야. 그리고 너는

새로운 이름을 얻게 되지. 이제 모든 사람들은 따로 말하지 않아도 확실

히 알아. '너는 이제 어른이다!'

인도에 사는 브라만 신분의 남자아이들도 12살이나 14살 때 비슷한 일

을 겪어. 아버지는 아들에게 승복을 건네주며 이마에 성스러운 상징을 그

려 줘. 그런 다음 신전의 성스러운 장소로 데리고 가서 기도하는 법과 제

사 지내는 법을 가르쳐 주지. 최고 제사장인 브라만은 아이들에게 '만트

라*'를 알려 줘. 만트라란 지혜에 이르는 길을 쉽게 만들어 주는 주문인

데, 다른 누구에게도 그 내용을 알려 줘서는 안 돼. 이때부터 브라만 신

---

* 만트라 : 고대 인도 사람들이 외우던 주문이다. 짧은 음으로 사물과 자연의 진동을 흉내 내는 것이 특징이다. 대표적인
예로 '옴'이 있다. 나중에는 불교에서 불경을 외우는 것도 만트라라고 부르게 되었다.

분의 남자아이들은 승려처럼 각 가정을 방문해 그 집의 수호신에게 기도를 올린단다.

세계 어디서나 청소년들은 이른바 '성인식'을 통해 어른들의 세계에 첫발을 내딛게 돼. 어디서나? 아니, 서양에서는 여전히 성인식을 치르지만 옛날처럼 철저하지는 않아. 청소년들은 교회에서 성경 공부를 하고, 세례를 받으면 성인이 되었다는 축하 선물을 받지.

예배 대신 학교에서 종교 시험을 치르는 경우도 있어. 그런데 세례를 받고, 종교 시험에 통과했다고 해서 정말 어른이 될까? 어릴 때 막연하게 가졌던 두려움을 이겨 내고, 도저히 해낼 수 없어 보이는 일에 과감하게 도전할 수 있을 때 진짜 어른이 되는 게 아닐까?

가족과 함께 만찬을 즐기고, 종교 시험에서 좋은 성적을 받았다고 해서 어른이 되기 충분한 것은 아니야. 그래서 청소년들은 직접 자기 손으로 성인이 되는 의식을 준비하기도 해. 너무 과격해서 어른들은 깜짝깜짝 놀라기도 하지. 청소년들이 스스로 준비하는 성인식에 언제나 빠지지 않고

꼭 들어가는 것은 시끄러운 음악, 술, 마약 등이야. 그 좋은 예가 미국의 '스프링 브레이크'이지. 원래 스프링 브레이크는 2월 말에서 4월 중순 사이에 미국의 고등학교에서 실시하는 짧은 방학을 말해. 1970년대부터 1980년대까지 미국의 청소년들은 집에서 금지된 일을 하기 위해 플로리다의 포트로더데일이라는 도시로 몰려들었어. 특히 1985년에는 35만 명의 청소년들이 포트로더데일의 호텔과 해변을 난장판으로 만들어 버린 탓에 시에서는 축제를 금지하는 조치를 내렸어. 하지만 축제 행렬은 멈추지 않고 근처에 있는 데이토나 비치까지 이동하여 일대를 쑥대밭으로 만들었지. 이를 계기로 미국 의회는 21세 이하 청소년의 음주를 금지하는 법을 통과시켰지만 그렇다고 굴할 청소년은 없어. 오늘날 미국의 청소년들은 멕시코나 자메이카 혹은 바하마 등지의 해변에 모여 술을 마시고 요란 법석을 떨며 어른이 되는 것을 자축해.

이에 반해 유럽의 '레이브'* 문화는 클럽에 모여 놀고, 거리 행진을 하거나 또는 해변에서 축제를 벌이는 등 비교적 얌전한 편이야. 그러나 갈수록 규모가 커지고, 어른들이 슬그머니 끼어드는 통에 '테크노 아방가르드'

---

* 레이브 : 원래는 버려진 창고, 비행기 격납고, 농장에 설치된 천막 등 틀에 박히지 않은 장소에서 청소년들이 밤새 춤을 추는 것을 말한다. 요즘에는 '광란의 파티'를 의미하는 말로도 사용된다.

라고도 불리는 이 행사는 언젠가부터 은밀한 곳으로 숨어들기 시작했어. 독일 브란덴부르크의 폐쇄된 공항, 프랑스 프로방스의 술집, 이탈리아 토스카나의 산장, 스위스 티치노의 알프스 산맥에서 뛰노는 소들에 둘러싸여 자기네끼리만 은밀하게 즐기는 거지. 매년 여름이면 요란하게 색칠한 버스와 개조한 트럭에 탄 '레이브 공동체'가 축제가 벌어지는 곳을 찾아다니며 전 유럽을 누벼. 출발 장소는 축제 시작 직전에 발표되는 경우가 허다해. 그래야 반갑지 않은 어른 불청객들을 따돌릴 수 있으니까. 또 다른 청소년들은 알프스 산맥에서 암벽 등반 하기, 고층 빌딩 기어오르기 혹은 고속 도로 다리 위에서 낙하산 메고 뛰어내리기 따위를 즐겨. 그런데 지쳐 쓰러질 때까지 춤을 추고, 번지 점프를 하고, 암벽 등반을 한다고 해서 과연 어른이 될 수 있을까?

원시 부족에게 담력 테스트는 어디까지나 성인식의 일부일 뿐이야. 에티오피아 하마르족의 경우, 어른이 되고자 하는 청소년들은 온몸에 상징적인 문양의 문신을 그리고 나란히 늘어선 소 20마리의 등을 밟고 지나가야 해. 중간에 떨어져 실패하면 계집애라고 놀림을 받지. 나미비아 호텐토트족은 성인 남자의 오줌을 청소년들에게 퍼부어. 일종의 세례인 셈이지. 다른 문화권에서는 어른의 정액을 청소년들의 몸에 바르기도 해. 이처럼 성인식은 어른의 기운을 청소년들에게 전달해 주는 데에서 그 의미를 찾으려고 해. 바로 그런 이유로 성인식에 종교 의식 같은 것을 집어넣는 거야. 조상의 영혼이 젊은 세대에게까지 좋은 기운을 계속 물려주기 바라는 마음을 담은 것이랄까.

  어쨌거나 이런저런 성인식에서 가장 중요한 것은 어른들이 청소년들의
코치 노릇을 하며 사춘기라는 험난한 강을 무사히 건너 진정한 어른이 될
수 있도록 돕는 일이야. 독립심을 키우며 책임감 있는 어른이 되는 것은
예나 지금이나 아주 중요하고 꼭 필요한 일이란다.

10장_ 원주민, 유럽 사람들을 향해 창을 겨누다!

다른 문화를 이해하지 못할 때 어떤 일이 벌어질까?

1779년 2월 하와이. 케알라케쿠아 해변에 원주민들이 다시 모인 것은 예전에 그랬던 것처럼 제임스 쿡과 그의 부하들을 환영하고, 그들의 발 앞에 엎드리기 위해서가 아니었어. 그들은 분노에 불타서 유럽 사람들을 향해 칼과 창을 겨누었지. 대체 무슨 일이 있었던 걸까?

3년 전, 영국의 탐험가인 선장 제임스 쿡은 태평양을 횡단하는 자신의 세 번째 원대한 탐험을 시작했어. 첫 번째와 두 번째 탐험에서 그는 남태평양을 연구하고, 호주를 발견했지. 이번에 쿡은 세 척의 범선을 이끌고 될 수 있는 한 태평양 북쪽 끝까지 이동하여 대서양에 이르는 계획을 세웠어. 그러나 일주일 내내 알래스카와 시베리아 사이를 누비며 항해했지만 빙하에 막혀 더 이상 북쪽으로 움직일 수가 없었어. 어쩔 수 없이 쿡은 선원들과 배를 쉬게 하려고 남쪽으로 방향을 틀었어.

지난번에 하와이에 들렀을 때만 해도 원주민들은 쿡을 신처럼 떠받들고 환영했어. 순박한 하와이 원주민들은 그의 발 앞에 엎드려 경의를 표했고, 축제를 열었으며, 돼지 한 마리를 잡아 모두 함께 나누어 먹었어. 원주민들은 쿡과 그의 일행에게 신선한 생선과 과일 그리고 코코넛을 선물했어. 심지어 마을의 성지에 텐트를 칠 수 있게 허락해 주었지. 그런데 3주가 지난 뒤 다시 찾은 하와이의 분위기는 지난번과는 딴판이었어. 대체 유럽 사람들은 어떤 잘못을 저질렀던 걸까?

쿡과 선원들은 하와이에 있는 모든 먹을거리를 차지하려 들었어. 원주민들이 먹을 것은 하나도 남겨 놓지 않고 말이야. 심지어 이 무례한 손님들은 성지의 울타리를 뜯어내 땔감으로 사용했어. 그중에는 신의 형상을 새긴 기둥도 있었는데, 상관하지 않고 그냥 불태워 버렸지. 그뿐만 아니라 원주민 추장의 묏자리로 정해 놓았던 곳에 죽은 선원의 시체를 묻고, 기독교 예식에 따라 장례를 치렀어. 원주민들은 적대감에 불타올랐지. 크게 분노한 제사장은 결국 그들이 배를 세워 둔 해변에 강력한 금지령인 '타푸(tapu)'를 선언했어. 그 후 원주민 가운데 어느 누구도 그들과 접촉하려 들지 않았지.

타푸, 오늘날 우리가 '터부(taboo)'라고 말하는 것의 의미를 쿡이 모르는 것은 아니었어. 2년 전에도 이와 비슷한 경험을 한 적이 있었으니까.

1777년에 쿡은 남태평양에서 여러 개의 섬으로 이뤄진 낙원 '통가'를 발견했어. 그런데 평소에는 아주 친하게 지냈던 원주민들이 어떤 한 가지에는 묘한 행동을 보였어. 쿡은 당시의 경험을 다음과 같이 기록했단다. "누구도 자리에 앉으려 하지 않고, 아무것도 먹으려 하지 않았다. 내가 놀란 표정을 짓자, 이들은 모두 '타푸'라고 말했다. 이 말은 매우 복잡한 뜻을 가진다. 그러나 대체적으로 무엇인가 금지되어 있다는 뜻이다." 쿡의 이와 같은 증언을 통해 비로소 유럽은 터부, 곧 금기라는 표현을 알게 되었어.

그런데 터부란 정확히 어떤 뜻일까? 터부란, 간단히 말해 어떤 문화에서 어느 누구도 "왜?"라고 묻지 않는 상황을 뜻해. 동일한 터부를 가진 사람들이라면 누구나 어떤 행동이 언제나 잘못이라는 것, 그것을 생각하는 것만으로도 자신이 우스꽝스러워진다는 것을 알지. 예를 들어 우리 문화에는 친동생과 결혼해서는 안 된다는 터부가 있어. 그런데 이집트의 왕 파라오에게는 그것이 전혀 이상한 일이 아니었단다.

세상의 거의 모든 것이 터부가 될 수 있어. 이를테면 쌍시옷이 들어가는 욕을 하는 것이나 인도의 불가촉 천민과 접촉하는 것 혹은 제사장에 의해 아주 중요한 성지나 종교 자체가 터부로 지정될 수 있지. 산이나 나무 혹은 특별히 보호해야 하는 동물이 터부가 되는 경우도 많아. 예를 들면, 어떤 부족은 특정 동물을 그들의 수호신이나 조상의 정령으로, 그러니까 '토템'*으로 받아들여.

오늘날 우리가 쓰는 터부라는 말은 폴리네시아어의 타푸라는 말에서 유래되었어. 터부는 전통이나 종교가 금지하는 것을 의미하지. 처음으로 정신 분석 이론을 만들고 연구한 지그문트 프로이트에게 터부는 그 이상의 뜻을 가져. 그는 하나의 공동체는 공통의 금기가 있어야만 비로소 생겨난다고 주장했어. 예를 들어 청소년들이 한자리에 모여 어떤 모임을 만들게 된다면 다음과 같이 다짐할지 몰라. '우리는 절대 양복을 입고 넥타이를 매지 않을 거야!' 오랜 역사를 자랑하는 민족의 경우, 헤아릴 수 없이 많은 세대를 거치며 터부가 자리 잡았기 때문에 어느 누구도 언제부터 왜 그런 터부가 생겼는지 알지 못해. 우리는 예절이나 좋은 풍습을 깨는 경우 그냥 간단하게 터부를 깼다고 말하지.

다시 쿡 선장에게 돌아가 보자. 쿡은 이번에도 좋은 결말을 맺었을지 몰라. 쿡은 신속하게 상황 판단을 하고 배들을 바다로 출발시켰어. 그런데 하필이면 쿡이 탄 배의 돛대가 부러져 어쩔 수 없이 되돌아와야만 했어. 원주민들은 쿡이 돌아온 것을 새로운 위협으로 여기고, 그들의 배에 올라가 물건을 훔치는 보복 행위를 했지. 하지만 이런 행동을 그냥 넘길 쿡이 아니었어. 쿡은 세 척의 구명정에 무장한 선원들을 나눠 태운 후 해변으로 보내 물건을 훔친 원주민들을 처벌하려고 했어. 추장을 인질로 삼으려 하기도 했지. 타히티 섬에서도 이런 식으로 빼앗긴 물건들을 되찾은 적이 있었기 때문에 쿡은 이번에도 자신의 작전이 성공할 거라고 자신했어.

---

* 토템 : 부족이나 씨족과 특별한 관계가 있다고 믿어 신성하게 여기는 특정 동식물 또는 자연물을 말한다. 그 부족 및 씨족 집단의 상징이 되기도 한다.

하지만 케알라케쿠아 해변에서는 이미 너무 많은 일이 벌어지고 있었어. 수백 명의 원주민이 해변으로 달려 나와 칼과 창과 돌로 그들을 위협했지. 결국 쿡의 선원들은 총으로 원주민 한 명을 살해했어. 그러자 원주민들은 벌 떼처럼 달려들어 쿡을 칼로 찔렀어. 가까스로 구명정을 타고 도망친 선원들은 쿡과 네 명의 동료가 원주민들에게 짓밟히는 모습을 속수무책으로 바라볼 수밖에 없었지. 원주민들은 쿡의 시체를 산산조각 내고, 많은 사람들이 추정하듯 심지어 먹어 치우기도 한 것으로 보여. 어쨌거나 살아남은 선원들은 며칠에 걸친 협상 끝에 겨우 유골 몇 조각만 돌려받을 수 있었어.

문화의 차이로 빚어진 오해가 위대한 탐험가의 목숨을 앗아 가고 만 거야.
처음에 쿡은 낯선 민족들의 풍습과 행동 방식에 큰 흥미를 느끼고 그것
을 일일이 기록했어. 하지만 세 번째 여행에서 쿡이 관심을 가졌던 것은
오로지 태평양 지도의 빈 부분을 채우고, 대서양에 이르는 항로를 개척
하는 것뿐이었지. 이전의 여행지였던 타히티 섬에서 쿡은 산 사람을 제물
로 바치는 종교 예식을 두 눈으로 지켜봐야 했어. 틀림없이 쿡은 이 체험
때문에 남태평양 원주민들의 풍습을 존중해 줘야겠다는 마음을 깨끗이
잃어버렸을 거야.

그럼에도 인정하고 넘어가야 할 점은 분명히 있어. 유럽 사람들이 끊임
없이 세계를 탐험하며 식민지를 개척하던 때, 이들은 지구상에 참으로 많
은 다른 문화가 있다는 것을 서서히 알게 되었어. 쿡의 죽음 때문에 유럽
사람들은 원주민과 그들의 문화에 더 큰 관심을 가지기 시작했지. 물론 처
음에는 위에서 아래를 내려다보는 오만한 자세였어. 정복자와 선교사와 탐
험가의 눈에 원주민은 야만적인 제례를 치르고, 미신을 믿는 열등한 인종
이었거든. 그러나 용기 있는 탐험가들의 노력으로 선입견은 조금씩 사라졌
고, 아직 알지 못하는 낯선 문화의 깊은 속내로도 들어갈 수 있었단다.

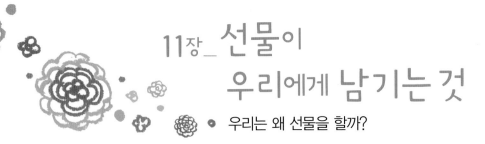

11장_ 선물이 우리에게 남기는 것

우리는 왜 선물을 할까?

　오, 이를 어쩌면 좋아? 앞으로 다시는 처갓집 식구들 앞에서 얼굴을 들고 다닐 수가 없을 거 같아! 무슨 일이냐고? 아, 글쎄 장인어른과 장모님이 큰 선물을 들고 찾아오셨는데, 나는 답례로 그에 훨씬 못 미치는 선물을 했거든…….

　여러분 중에 이미 짐작한 친구들도 있겠지만, 위 상황은 유럽의 어느 가정에서 벌어진 일이 아니야. 유럽 사람들도 선물 받는 것을 좋아하기는 하지만, 선물을 받았다고 해서 반드시 답례를 해야 한다고 생각하지는 않거든. 그저 전화나 편지로 고맙다는 뜻을 전할 뿐이야. 유럽 사람들은 자신이 일본 사람이 아니어서 정말 다행이라고 가슴을 쓸어내릴지도 몰라.

　왜냐하면 위의 상황은 체면을 중요시하고, 곧이곧대로 말하기보다 빙 돌려 이야기하길 좋아하는 일본에서 벌어진 일이기 때문이야. 일본 사람들은 평균적으로 1년에 300번쯤 친척과 친구, 가족들에게 선물을 해. 집에서 쉬는 일요일을 제외하고 거의 매일 선물을 하는 셈이지. 여기서 평균적이라는 말은 1년에 200번쯤 선물을 하는 사람이 있는가 하면, 심지어는 400번 이상 선물을 하는 선물광도 있다는 것을 뜻해. 바꿔 말하면 한 해에 고작 50번 정도밖에 선물을 하지 않는 사람은 지독한 이기주의자라는 손가락질을 받아야 한다는 거야. 하지만 일본에서 그런 사람은 찾아보기 어려워.

반대로 독일에서는 의무적으로 선물을 해야 하는 크리스마스가 다가오면 사람들의 걱정이 이만저만이 아니야. '맙소사! 벌써 친척과 친지, 가족들에게 선물을 해야만 하는 때가 왔구나……' 하고 한숨부터 쉬어. 시간도 없고, 돈도 없고, 어떤 선물을 해야 좋을지 도무지 모르겠다며 투덜거리지. 그래서 이런 말을 자주 해. "서로 아무것도 선물하지 말자고 약속했잖아. 정말이지 더 이상 필요한 게 없어!"

일본 사람들이 그처럼 많은 선물을 한다는 말을 들으면 유럽 사람들은 곧바로 이런 생각을 할 거야. '그 많은 선물을 무슨 돈으로 장만했지? 시간도 엄청 걸렸을 텐데?' 궁금증은 좀처럼 풀리지 않아. '왜 그렇게 많은 선물을 하지? 아니, 왜 그렇게 자주 선물을 하는 거야?' 물음은 꼬리에 꼬리를 물어. 심리학자들은 인간이 선물을 통해 사회적 결속을 다진다고 말해. 선물을 주는 사람에게 우리는 고마움뿐만 아니라 우정과 위로와 사랑까지도 표현하게 마련이야. 선물을 주는 사람은 자신의 자상함을 과시하면서 상대방의 적대적인 태도를 누그러뜨릴 수도 있지. 그러나 선물은

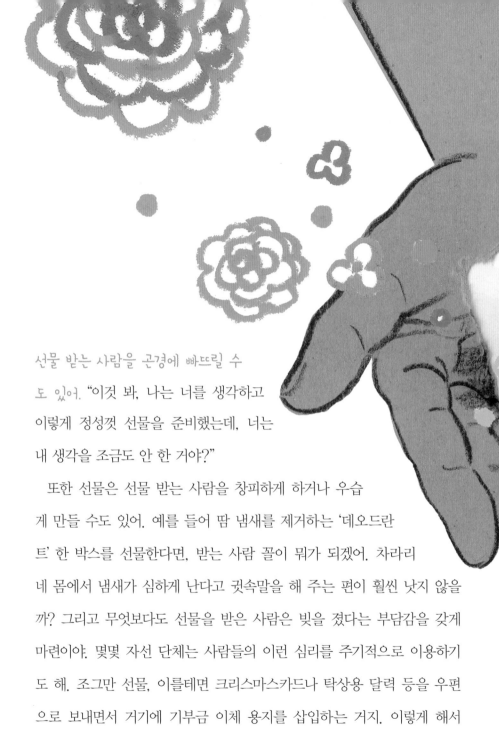

선물 받는 사람을 곤경에 빠뜨릴 수
도 있어. "이것 봐, 나는 너를 생각하고
이렇게 정성껏 선물을 준비했는데, 너는
내 생각을 조금도 안 한 거야?"

또한 선물은 선물 받는 사람을 창피하게 하거나 우습
게 만들 수도 있어. 예를 들어 땀 냄새를 제거하는 '데오드란
트' 한 박스를 선물한다면, 받는 사람 꼴이 뭐가 되겠어. 차라리
네 몸에서 냄새가 심하게 난다고 귓속말을 해 주는 편이 훨씬 낫지 않을
까? 그리고 무엇보다도 선물을 받은 사람은 빚을 졌다는 부담감을 갖게
마련이야. 몇몇 자선 단체는 사람들의 이런 심리를 주기적으로 이용하기
도 해. 조그만 선물, 이를테면 크리스마스카드나 탁상용 달력 등을 우편
으로 보내면서 거기에 기부금 이체 용지를 삽입하는 거지. 이렇게 해서

거두어들이는 기부금이 제법 되는 모양이야. 그렇지 않다면 자선 단체들은 벌써 오래전에 선물 보내는 일을 중단했을 테니까.

물론 유럽 사람들에게도 선물을 해야 하는 날들은 많기만 해. 생일, 세례식, 어버이날, 부활절, 성탄절, 결혼식, 결혼기념일, 운전면허와 같은 자격증을 취득한 날, 입학식, 졸업식, 회사 20년 근속 기념일, 동호회 30주년 기념일, 혹은 인생의 가장 마지막에 오는 장례식 등등 말이지. 그리고 얼마 전부터는 '밸런타인데이'나 '핼러윈'같이 선물을 주고받는 또 다른 기념일이 새롭게 생겨났어.

"선물을 하면서 비로소 사람은 인간이 된다." 인류학자들이 즐겨 하는 말이야. 그렇다면 일본 사람들이야말로 인류의 모범인 셈이지. 그런데 일본 사람들은 선물을 주고받는 일을 대단히 복잡하게 만들어 놓았어. 보통 서로 손을 맞잡고 허리를 숙인 채 선물을 주고받아. "그저 작은 정성으로 알고 받아 주시지요." 여기서 받았다는 것은 곧 무언가를 줘야 한다는 것이기도 해. 답례를 하는 게 의무인 거지. '감사합니다'를 뜻하는 일본어 '아리가토'가 '그것 참 어려운 일이네요.'라는 의미를 갖는 것은 놀라운 일이 아니야. '작은 정성' 안에 '그 어려운 일'이 들어 있기 때문이지. 첫째, 답례로 주는 선물은 받은 선물보다 조금이라도 더 비싸거나 귀한 것이어야 해. 둘째, 선물을 주고받을 때에는 상대방의 사회적 지위도 고려해야 해. 그 밖에도 지켜야 하는 자잘한 규칙은 헤아릴 수 없이 많아. 포장지, 선물을 묶는 끈의 색과 모양, 작은 장식품 등 모든 것에 의미가 있어. 예를 들어 종이를 접어 만든 장식품은 기쁜 일을 축하하는 선물이라는 뜻이지. 가장 인기 있는 선물은 서양과 마찬가지로 초콜릿이야. 또는 귀한 술을 즐겨 선물하기도 해. 하지만 이 또한 신중해야 해. 자칫 실수를 했다가는 관계가 걷잡을 수 없는 지경에 빠질 수도 있으니까.

일본 사람들은 서양의 '밸런타인데이'와 같은 날인 2월 14일에 '혼메이 초코'를 주고받으며 특별하게 보내. 혼메이 초코란, '진실한 감정을 담은 초콜릿'이라는 뜻으로, 여자가 사랑하는 남자에게 초콜릿을 선물하는 거야. 그런데 같은 날 일본 여성들은 '기리 초코'라는 풍습도 동시에 지켜야 해. '의리 초콜릿'이라는 뜻의 기리 초코는 직장 상사나 동료들에게 함께 일을 잘해 보자는 의미로 초콜릿을 주는 거야. 초콜릿을 받은 남자가 기리 초코를 혼메이 초코로 착각했다가는 상당히 낯 뜨거운 상황이 연출될 수 있지. 어쨌거나 2월 14일에 초콜릿을 선물 받은 남자는 3월 14일에 꼭 보답을 해야 해. 물론 자신이 받은 것보다 조금이라도 더 좋은 것을 준비해야 하지. 하지만 받은 선물에 비해 약간만 더 좋은 것이어야지, 과도하게 좋은 답례를 했다가는 상대방이 엉뚱한 생각을 할 수도 있어.

인류의 문화가 선물에서 시작된 것은 사실이야. 인류 문화의 가장 오래된 유물은 신에게 드리는 선물인 제물이거든. 이때 제물은 그저 순수한 뜻으로 바친 게 결코 아니었어. 인간은 신에게 선물을 바치는 대신 신의 보살핌, 이를테면 좋은 날씨나 풍년, 많은 자손, 적대적인 이웃 나라와의 싸움에서 승리하기 등을 바랐어.

인류 역사의 초창기를 살펴보면 작은 규모의 공동체 사이에서 이뤄진 거래 역시 선물을 주고받는 일에서부터 시작됐어. 경제 활동의 기본은 주면 받고, 받으면 주는 행위이기 때문이야. 인류학자들은 이런 선물 경제가 어떻게 발전해 나갔는지를 오늘날 남태평양의 파푸아 뉴기니 동쪽에 자리 잡은 '트로브리안드 군도'의 주민들을 관찰하며 알게 되었어. 트로브리안드 군도 주민들에게 참마 뿌리는 없어서는 안 될 귀중한 것이야. 그들은 생명을 유지하는 데 꼭 필요한 탄수화물을 우리처럼 감자나 쌀과 같은 곡물에서 얻지 못하고 오로지 참마에만 의존하기 때문이지. 참마를 수확한 주민들은 그것을 작은 탑처럼 쌓아. 그리고 친척과 이웃이 찾아와 그 모습을 보고 감탄하면, 누구에게나 수확한 것의 일부를 선물해. 자신들이 살아가는 데 꼭 필요한 참마를 너그럽게 나누어 주는 거야! 하지만 참마를 나누어 준 사람은 선물을 받은 친구와 친척이 곧 보답을 할 거라는 걸 알아. 이런 식으로 참마와 생선을 주고받는 주기가 생겨났지. 여인들끼리는 명주실로 짠 치마를 서로 주고받기도 해.

"좋아, 하지만 그런 건 마을이나 섬 안에서만 이루어지는 일이잖아." 하고 누군가 반론을 한다면, 다음과 같은 일은 어떻게 설명할 수 있을까? 트로브리안드 군도 남자들은 2년이나 3년에 한 번씩 커다란 카누에 온갖 선물을 가득 실어. 주로 고둥 껍데기나 조개껍데기로 공들여 만든 장신구 또는 진주 같은 보물이지. 이 카누를 타고 남자들은 멀리 떨어진 섬으로 가서 그곳 주민들에게 선물을 해. 그럼 어느 정도의 시간이 지난 후 그 섬의 주민들이 답례품을 가득 싣고 찾아와.

이런 선물 의식은 약 100년 전 인류학자 브로니스와프 말리노프스키*가 처음으로 연구했어. 그는 이처럼 선물을 주고받는 풍습을 '선물 경제'라고 불렀어. 선물 경제의 기본은 시장에서 이뤄지는 교환 경제와 똑같아. 오랜 시간 식민 지배를 받았고, 관광 산업이 발달해 서양 경제 체제를 알게 되었음에도 이런 풍습은 사라지지 않았어.

그런 이유로 남태평양 여행을 안내하는 여행사 직원들은 섬에서 물건 값을 두고 절대로 흥정을 벌이지 말라고 경고해. 원주민들은 가격 흥정을 하는 것을 무례한 일로 받아들여 몹시 언짢게 생각하기 때문이지. 그곳 주민들은 팁 같은 것도 전혀 몰라. 예나 지금이나 그들은 선물을 하면 반드시 돌아오는 게 있어야 한다고 철석같이 믿을 뿐이지. 또한 원주민들은 언제나 친절하고 싹싹해. 그렇기 때문에 남태평양을 찾은 관광객이 어떤 문제를 해결하고 싶을 땐 시시비비를 가리거나 뇌물을 주거나 위협을 하는 것보다 원주민들에게 미소를 지어 보이는 것이 더 빠를 거야.

---

* 브로니스와프 말리노프스키(Bronisław Malinowski) : 1884~1942년. 폴란드에서 태어나 영국에서 활동한 인류학자이다. 영국의 런던 대학교와 미국의 예일 대학교에서 학생들을 가르쳤다. 뉴기니 원주민들의 생활 풍습을 연구해 인류학의 새 방향을 열었다.

그럼 다시 독일 이야기로 돌아가 보자. 독일 사람들은 선물을 주고받는 근본적인 이유를 완전히 잊어버린 걸까? 그런 것 같다고 말하는 사람들이 많아. 하지만 인류학자들은 보다 신중하게 접근하려고 해. 독일 사람들도 그리 나쁜 사람들은 아니라고 말하지. 공식적으로 큰 선물을 하지 않는 대신, 오며 가며 훨씬 더 자주 작은 선물을 은근슬쩍 하거든. 독일 사람들이 매년 식당과 술집과 택시와 호텔에서 쓰는 팁은 20억 유로가 훌쩍 넘어. 여기에 거리의 음악가와 노숙자와 걸인에게 주는 돈도 생각해야 해. 그 금액이 얼마나 되는지는 아무도 몰라. 하지만 짐작컨대 팁으로 지출하는 액수 못지않을 거야. 그뿐만 아니라 자선 단체에 내는 기부금 액수도 독일이 세계에서 최고로 많아. 특히 큰 자연재해와 기근에 시달리는 난민을 위해서 아낌없이 지갑을 열지.

이처럼 독일 사람들은 선물을 즐겨 하는 편은 아니지만, 기부는 활발하게 해. 그것도 익명으로! 미국 사람들은 익명으로 기부를 하는 독일 사람들을 보고 고개를 갸웃거려. 미국 사람들도 활발하게 기부를 하지만, 가능한 한 모든 사람들이 알게끔 널리 홍보하거든. 그래야 동참하는 사람들이 많아진다고 생각하기 때문이야.

미국에서 성공해 부자가 된 사람들은 만화 영화에 나오는 구두쇠 '스크루지 맥덕'처럼 누가 빼앗아 갈까 봐 돈 자루 위에 앉아 감시하지 않아. 오히려 자신의 재산을 사회를 위해 내놓지. 예를 들어 '마이크로소프트'의 창립자 빌 게이츠는 오랜 시간 세계 최고의 부자였다가, 재산의 절반을

에이즈 퇴치 운동을 벌이는 '빌 게이츠 재단'에 기부했어. 만약 네가 빌 게이츠 같은 부자라면, 어디에 돈을 쓰고 싶니? 나라면 '볼프강 코른 기념 도서관'이 좋을 거 같아. 어때, 멋지지 않아?

12장_ 결혼의 풍경
정말 단 한 명의 여자하고만 결혼해야 할까?

세계 어디서나 노래와 영화와 10대 청소년들은 완벽한 사랑을 꿈꾸고 갈망해. 마침내 원하는 짝을 찾았다면, 그 얼마나 행복한 일일까! 하지만 정확히 이 행복이 어떤 모습인지 물어보면 그때부터 사람들의 생각은 엇갈리기 시작해.

서양 사람들이 꿈꾸는 '위대한 사랑'에서 그와 그녀는 어떻게든 만나. 그리고 첫눈에 '아, 내가 찾던 바로 그 사람이다!' 하고 알아보지. 물론 넘어야 할 산은 많기만 해. 상대가 이미 다른 사람과 함께 살고 있을 수도 있고, 또 자신과 피부색이 다르거나 다른 종교를 믿을 수도 있어.

결혼을 결심하기 전에 결혼이 정해지는, 그러니까 배우자를 직접 고르지 못하는 문화가 세상에 많다는 이야기를 들으면 서양 사람들은 어떻게 그럴 수가 있느냐며 깜짝 놀라. 너무 흥분한 나머지 입에 거품을 물기도 하지. 어떤 인류학자가 자신을 초대한 인도 남자에게 어떻게 '중매 결혼'이라

는 게 가능하냐고 묻자, 그는 어이없다는 표정으로 약간 화를 내며 이렇게 대답하더래. "그럼 어떻게 당신은 우리 가족이 나를 위해 나쁜 선택을 했다고 믿소?"

심지어 오래전 중국에서는 장래의 신랑, 신부를 결혼 전에 만나면 큰 불행을 당하게 된다는 믿음이 있었어. 그래서 결혼을 둘러싼 일체의 문제는 중매 전문가에게 맡겨야 했지. 중매 전문가는 주로 여성이었는데, 하늘의 별들에게 신랑감과 신붓감의 운명을 묻는 일이며, 양가의 이해관계를 조정하고 맞추는 일을 했어. 중국 사람들은 일반적으로 몹시 수줍음을 타기 때문에, 오늘날에도 결혼하는 사람의 10~20퍼센트는 여전히 중매를 통해 만나고, 30퍼센트 이상은 온라인 중개 업체에 의존해. 그럼 유럽 사람들은 어떨까?

오늘날 많은 유럽 사람들은 자신의 짝을 찾지 못해 이른바 '싱글'로 살아가. 그들이 중요하게 여기는 것은 오로지 사랑, 다시 말해 마음속에서 우러나오는 감정뿐일까? 아니야. 대부분의 사람들은 자신이 어떤 상대를 원하는지 분명하게 알고 있어. 키가 크고, 잘생겼으며, 똑똑하고, 상대의 감정을 잘 헤아릴 줄 알며, 더 나아가 강인한 생활력도 갖고 있어야 해. 하지만 그처럼 완벽한 상대를 쉽게 찾을 수 없는 탓에, 갈수록 많은 사람들이 외부의 도움을 받고 있어. 인터넷 만남 주선 사이트를 이용하거나 결혼 정보 회사에 의존하거나 말이야.

이렇게 비교해 보면 중국에서 전통적으로 이뤄져 왔고, 오늘날에도 부분적으로 행해지는 짝 찾기 방법이 그리 나쁜 것 같지는 않아. 신랑의 가족들은 중매 전문가를 신부의 집으로 보내 첫 번째 협상을 벌이게 해. 그런 다음 생년월일을 가지고 점쟁이에게 가서 두 사람이 잘 맞는 짝인지를 점쳐 보지. 결과가 좋으면 신랑이 주는 약혼 선물을 신부에게 전달하고, 나중에 본격적으로 예물 교환이 이뤄져. 돈과 떡과 음식을 제물로 마련하여 조상에게 제사도 지내지. 신부가 예물을 받으면 결혼 의사를 굳힌 것으로 보고, 중매 전문가는 점쟁이에게 가서 결혼하기에 적당한 날짜를 잡아.

인류학자들이 밝혀낸 바에 따르면, 이 '생애 최고의 날'은 세계 어디서나 거의 비슷한 방식으로 이루어져. 신랑 쪽에서 탈것을 보내 신부를 데리고 오고, 그때 처음으로 신랑과 신부는 많은 사람들 앞에 모습을 드러내. 그리고 둘이 하나가 되는 예식을 치른 다음 잔치를 벌이면, 초대받은 손님들은 신혼부부의 행복과 왕성한 출산을 빌어 줘. 잔치가 벌어지고 있는 중간이나 혹은 끝나고 난 뒤, 신혼부부는 '첫날밤'을 치르도록 풀려나. 이처럼 결혼식의 일반적인 절차는 어느 문화나 별로 다를 게 없어. 차이를 보이는 부분은 '짝을 찾는 방법' 외에, 결혼식의 구체적인 풍경, 어느 쪽에서 결혼 비용을 부담하는지, 몇 명의 여자 혹은 남자와 결혼할 수 있는지, 또 헤어질 때에는 어떤 절차를 밟아야 하는지 등의 것들이야.

중국 사람들은 결혼식을 할 때 신랑, 신부 모두 붉은 예복을 입어. 먼저 신랑의 가족들은 가마를 보내 신부를 태워 오지. 그런 다음 결혼식이 시작되면 신부의 가족들은 하늘과 땅과 신랑의 조상에게 은총을 내려 달라고 기원해. 신혼부부가 붉은 상자에 담긴 예물을 주고받으면 본격적인 결혼 만찬이 시작돼. 이때 중요한 것은 사진으로 결혼식 현장을 기록하는 거야. 이를 위해 결혼사진 찍기를 전문으로 하는 사진사가 출동해. 결혼 사진은 커다란 앨범으로 묶여 부부와 양쪽 집에 한 권씩 전해져. 만찬이 끝나면 신혼부부는 첫날밤을 위해 마련된 신방에 들지. 여기서 신랑은 마침내 신부의 얼굴을 가리고 있던 붉은 면사포를 벗겨도 돼.

반대로 이슬람 국가들에서 결혼은 아주 핵심적인 것만으로 압축할 수 있어. 예언자 마호메트가 증인이 지켜보는 앞에서 서로 결혼 약속을 하는 것만으로도 충분하다고 선포했기 때문이야. 보통 한 명의 '이맘'*과 두 명의 남자 이슬람교도가 증인을 맡아. 그러나 간소하게 치르는 것만으로도 충분하다는 예언자의 말과는 달리 결혼 잔치는 이슬람교도 인생 최대의 축제로 발전했어. 아주 먼 친척들까지 빠짐없이 초대하여 몇 날 며칠에 걸쳐 결혼 잔치를 벌여. 잔치의 규모가 크면 클수록, 잔치에 필요한 모든 돈을 대는 신랑 가문의 위상은 그만큼 높아지고, 신혼부부는 행복해하지.

예전에 강력한 권력을 가졌거나 부유한 이슬람교 지배자와 상인들은 아예 여인들로 차고 넘치는 하렘**을 갖고 있었어. 물론 이것은 오래전의

---

* 이맘 : '지도자'를 뜻하는 아랍어로, 이슬람교의 크고 작은 종교 공동체를 이끄는 지도자를 부르는 명칭이다.
** 하렘 : 이슬람 국가에서 부인들이 거처하는 방으로, 가까운 친척 외에 일반 남자들의 출입이 금지된 장소이다.

이야기이며, 현재 대부분의 이슬람교도들은 일부일처로 살아가. 다시 말해 단 한 명의 여자와만 결혼할 수 있는 거야. 그러나 많은 지역, 이를테면 말레이시아에서는 다시 일부다처제가 등장하고 있어. 한 명의 남자가 여러 명의 여자와 결혼하는 일부다처제를 살펴볼 수 있는 좋은 예가 쿠알라룸푸르에 사는 모하메드 빈 아사리라는 남자의 가정이야. 이 남자는 네 명의 아내와 열일곱 명의 자녀들과 함께 살아. 이렇게 여러 명의 아내를 두게 된 것은 남자가 원해서가 아니라 여자들이 그렇게 하길 원했기 때문이야. 물론 이 여자들은 조금도 멍청하지 않아. 네 명의 여자 가운데 세 명의 직업은 의사거나 변호사이지. 이 여인들은 입을 모아서 이렇게 말해. "우리가 한 남자를 공유하면, 그만큼 직장과 아이들과 우리 자신에게 쓸 시간이 더 많아지죠. 4일마다 돌아가며 남편과 함께 지내요. 그걸로 충분합니다."

그런데 세상에는 한 명의 여자가 여러 명의 남자를 거느리는 곳도 있어. 이런 경우를 가리켜 우리는 일처다부제라고 불러. 일처다부제는 오늘

날 주로 인도와 티베트의 히말라야 지역, 중앙아프리카의 몇몇 지역 그리고 남태평양의 마르키즈 제도 등에서 찾아볼 수 있어. 가장 흔한 형태는 형제가 한 명의 아내를 공유하는 거야. 여기에는 아주 현실적인 이유가 숨어 있지. 인류학자들은 히말라야 지역의 일처다부제를 다음과 같이 설명해. "그건 농사지을 땅이 턱없이 부족한 탓입니다." 일부다처제를 따르는 나라처럼 한 남자가 여섯 명이나 여덟 명, 심지어 열 명의 아이를 거느린다는 것은 엄청난 재앙이야. 하지만 여러 명의 남자가 한 명의 아내를 공유하면, 한 명의 남자가 먹여 살려야 하는 아이의 숫자는 줄어들고, 농사지을 땅도 클 필요가 없기 때문에 모두가 만족할 수 있어. 게다가 여러 명의 남자가 형제지간이라면, 부모에게 물려받은 농토를 나누지 않아도 되지. 그런 이유로 티베트의 경작지는 몇 세대를 거쳐 내려왔음에도 규모가 똑같아.

팔레스타인에서도 한 집안의 형제자매가 다른 집안의 형제자매와 결혼을 해. 물론 배우자가 같지는 않아. '바달'이라는 이름의 이러한 전통은 두 가문의 형제자매가 서로 교차하여 결혼하는 것을 말해. 말하자면 A라는 집안의 형과 동생이, B라는 집안의 언니와 여동생과 각각 결혼하는 거야. 그래서 온 가족이 모이면 다양한 성씨가 수두룩하게 등장해. 팔레스타인 사람들은 특히 많은 자녀를 두기로 유명하거든. 단점이 있다면, 한 부부의 이혼이 피치 못하게 다른 부부의 이혼을 불러올 수도 있다는 점이야.

많은 사회에서 신랑과 그 가족들은 신부를 사들이는 값을 치러. 채소밭이 많아서 농사일을 하는 데 여성이 귀중한 노동력이 되는 지역에서는 더욱 그러하지. 극히 소수의 지역, 이를테면 인도에서는 반대의 상황이 벌어져. 인도에서는 신부의 가족들이 딸을 결혼시키기 위해 높은 '지참금'을 지불해야만 해. 인류학자들은 그 원인을 인도에서는 농사를 지을 때 무거운 쟁기를 주로 사용하기 때문이라고 짐작해. 여자들은 농사를 짓는 데 별 도움이 되지 않는 데다가 먹여 살려야 하는 식구의 수만 늘릴 뿐이라고 생각하는 거야. 그래서 오늘날까지도 이 지참금은 아주 나쁜 후유증을 불러일으키고 있어. 지참금이 적다는 이유로 신랑의 가족들이 신부를 쫓아내는 일이 빈번하게 벌어져. 더 나쁜 일도 심심찮게 일어나지. 지참금을 적게 갖고 왔다며 신부의 몸에 기름을 붓고 불을 붙이는 끔찍한 일도 서슴지 않아.

그러면 헤어지는 방법은 어떨까? 이슬람 국가에서는 결혼뿐만 아니라 이혼도 어렵지 않아. 적어도 남자에게는 말이지. 남자는 그저 증인들 앞에서 아내를 버리겠다고 선언하면 그만이야. 물론 그런 일이 자주 벌어지지는 않아. 갈수록 더 많은 이슬람 국가들이 더 이상 결혼을 종교적인 것으로만 보지 않고, 법적으로 보호하려 하고 있기 때문이지.

만약 배우자가 바람을 피웠다면 곧바로 이혼을 해야 할까? 적어도 브라질 아마존 강가에 사는 몇몇 부족들은 그러지 않아. 불과 몇 년 전까지만 해도 그곳에서는 바람을

피우는 일이 흔했어. 결혼한 여자가 바람피울 상대를 마음대로 고를 수 있었으며, 이때 잘생긴 남자나 지위가 높은 남자를 선호했지. 게다가 주기적으로 상대를 바꿔 가며 바람을 피웠어. 이곳 여자들은 만약 자신이 임신을 하면, 지금껏 관계를 맺은 모든 남자들이 나서서 각자 자신의 몫을 다해 도와줄 거라고 믿었거든. 또 애인이 많을수록 아기가 튼튼하고 건강하며, 더 잘생긴 모습으로 태어날 거라고 생각했지.

서구 사회에서는 이혼을 달갑게 여기지 않아. '한 번 더 결혼을 하고 싶다고 해서 반드시 이혼을 해야 하는 것은 아니지 않을까?' 이렇게 생각한 몇몇 할리우드 스타들은 이른바 '리마인드 웨딩', 즉 '결혼 새롭게 하기 예식'이라는 것을 만들어 냈어. 결혼 새롭게 하기 예식은 처음 결혼할 때 못지않게 성대한 결혼식을 치러 부부 사이의 단조롭고 시들한 기분을 깨끗이 털어 내는 행사야. 그러나 부부 관계 상담사들은 그런 예식을 자주 반복하지 말라고 충고해. 하면 할수록 효과가 줄어들 거라면서 말이야.

또한 이혼하는 게 꼭 법정에서만 가능한 것은 아니야. 최근에는 이혼식이라는 것까지 생겨났어. 이혼식을 하며 이혼을 하는 부부는 각자의 반지를 땅에 묻어 버리거나 강물에 던져. 이혼 파티를 하는 것도 이혼하는 방법 가운데 하나야. 이별 케이크를 잘라 나누어 먹고, 신부의 드레스를 불태우거나 서로 상대의 부두교* 인형을 만들어 바늘로 마구 찌르기도 해.

---

* 부두교 : 서인도 제도에 노예로 팔려 온 흑인들 사이에 유행했던 종교이다. 싫어하거나 원한이 있는 사람을 밀짚 인형으로 만들어 바늘로 찌르고 불태우면 그 주술이 실제 위력을 발휘한다고 믿었다.

13장_ 컴퓨터를 고치러 사원에 가는 사람들

사람들은 왜 마법을 필요로 할까?

'마법'이라고 하면 사람들은 흔히 무당이나 부두교의 제사장 혹은 마법 학교를 떠올리곤 해. 하지만 인도네시아 사람들은 마법이라는 말에 자동차 수리 공장을 떠올리기도 하지.

이런 사실은 영국의 인류학자 나이젤 발리가 인도네시아에 갔을 때 어이없는 자동차 사고를 당하고 겪은 체험담을 통해 알려졌어. 인도네시아에서는 자동차가 좀 이상하다고 느끼면 곧바로 수리 공장으로 가지 않아. 메르세데스*를 모는 돈이 많은 한 인도네시아 남자가 발리에게 이렇게 묻더래. "유럽에서는 찌그러진 자동차를 마법의 두드림으로 고치지 않나요?" 그게 훨씬 싸고 간편하다면서 말이야. 인도네시아의 길거리를 보면 '흠집 제거', '원형 복원'이라는 간판을 내세운 마법사들이 즐비해. 차를 마법사에게 가져다주면, 마법사는 차에 덮개를 씌운 다음 무어라 중얼중얼 주문을 외워. 잠시 후에는 마법의 망치질 소리가 들려오지. 나중에 보면 언제

사고가 났었느냐는 듯 모든 게, 심지어 도색까지 완벽하게 되어 있어.**

인도네시아 사람들의 대부분이 이슬람교도이기는 하지만, 오래된 토속종교의 온갖 신들을 믿으며 그 제례를 따르고, 마법의 주문을 외우는 데 거리낌이 없어. 마법의 두드림도 바로 여기에 속하지. 처음에 인류학자들은 인도네시아 사람들의 이런 태도를 비웃었지만, 전통 신앙이 뿌리 깊게 자리 잡은 나라에서는 자동차와 같은 하이테크 기계도 마법의 눈으로 보게 된다는 것을 이내 깨달았어.

그럼 우리는? 우리는 정말 아무런 마법 없이도 잘 살 수 있을까? 이 물음에 대답하려면 먼저 마법이 무엇인지를 알아야 해. 원래 마법은 물물교환으로부터 시작되었어. 사람들은 신의 기분을 상하지 않게 하려고 무언가 소중한 것을 제물로 바쳤어. 이 제물의 소중함을 강조하기 위해 종교 제례, 찬송, 기도와 같은 온갖 다짐을 덧붙이기도 했지. 이렇게 수천 년의 세월을 거치는 동안 유대교, 힌두교, 도교, 불교, 기독교, 이슬람교 등과 같은 무수히 많은 종교들이 생겨났어. 모든 종교는 인간이 언제나 신의 뜻에 복종해야 한다고 가르쳐. 그러나 인간은 마법의 힘을 빌려 운명을 바꾸어 보려는 희망을 결코 포기할 수 없었지.

그 좋은 예가 부두교야. 부두교는 원래 아프리카 서부 지역의 자연 신

---

* 메르세데스 : 벤츠 자동차를 부르는 다른 말이다. 독일에서는 '벤츠'라고 하면 메르세데스 회사의 공동 창립자를 떠올릴 뿐, 자동차 브랜드로 생각하지 않는다. '메르세데스'가 정식 명칭이다.
** 독일에서는 언제나 차를 수리 공장에 맡겨 고치도록 되어 있다. 길거리에서 차를 고치는 일은 불법이기 때문이다. 독일 사람인 저자의 눈에는 길거리에서 차를 고치는 것이 이상한 일로 보여 위와 같이 묘사한 것이다.

앙이었는데, 흑인 노예들이 미국으로 끌려가면서 다른 종교들과 뒤섞이게 되었어. 물론 그중에는 기독교에서 비롯된 것도 있어. 부두교의 핵심은 세상에는 인간과 최고의 존재 사이를 중개해 주는 수많은 정령이 있다는 거야. 인간에게 도움을 주는 착한 정령이 있는가 하면, 인간을 파괴하는 나쁜 정령도 있지. 부두교는 마법의 의식을 치르며 정령들을 올바른 길로 인도하고자 해. 은총과 보호와 사랑의 마법이 있는가 하면, 배신자와 원수를 처벌하는 마법도 있어. 아무튼 오늘날 많은 사람들은 '내가 믿고 따르는 것 외에 낯선 문화와 다른 종교에서 축복을 구한들 무슨 손해랴!'라고 생각해. 이런 경향은 벌써 오래전부터 인도에서 나타났어. 인도의 힌두교도들은 자신이 믿는 수많은 신 외에도 부처와 마호메트와 예수 그리스도를 섬겨.

마법 중에서 가장 간단한 마법은 불행의 원천은 피하고, 행운의 원천은 불러들이는 거야. 이는 세상 사람들이 아주 흔히 의지하는 방식이지. 예를 들어 숫자와 색깔을 다루는 태도가 그래. 다만 어떤 숫자와 색깔이 행운을 가져다주고, 불행을 몰고 오는지에 대해 합의하지 못하고 있을 뿐이야. 행운을 가져다주는 부적으로 인기 있는 말발굽 편자와 관련한 다음의 일화는 마법의 주문이 어떤 성격을 갖는지 잘 보여줄 거야. "문에 말발굽 편자를 달아 놓았던데, 당신도 미신을 믿나요?" 이런 질문을 받은 덴마크의 유명한 물리학자 닐스 보어*는 이렇게 대답했어. "에이, 당연히 안 믿지! 그런데 말이오, 말발굽 편자가 신기한 것은 내가 그것의 힘을 믿지 않아

도 효과를 낸다는 거요!"

유럽의 호텔은 대부분 12층 다음에 14층이야. 항공기의 좌석에서도, 초고속 철도의 객차에서도 '13'이라는 숫자는 찾아볼 수 없어. 이는 유럽 사람들이 13을 불행을 몰고 오는 수라고 믿기 때문이야. 13이 두려운 나머지 여행을 취소하거나 약속을 깨고, 13일의 금요일에는 집 밖으로 한 발자국도 나가지 않는 사람들도 많아. 이런 현상을 우리는 '트리스카이데카포비아'**, 곧 '13 공포증'이라고 불러. 그런데 왜 13이 불행의 숫자인지 아는 사람은 거의 없어. 여러 가지 짐작만 있을 뿐이지. 예수의 마지막 만찬에 13번째로 참석한 사람이 배신자 유다였기 때문이라는 설도 있어. 또한 하루가 12시간을 기준으로 나뉘어 있기 때문이라는 주장도 있지. 그래서 교회의 종소리가 13번 울리면 대재앙이 일어날 거라고 생각하기도 해. 이와 달리 유대교에서 숫자 13은 '행운'이자 '믿음'을 뜻해. 13살은 성숙이 시작되는 나이이며, 신앙심이 깊은 유대인들은 신을 찬양하면서 13가지 신앙 원리를 하나하나 꼽아. 이처럼 유대교 신앙의 원리를 이루는 숫자는 13이야.

이 밖에도 저주나 사랑을 받는 다른 숫자도 많아. 미얀마에서 '9'는 아

* 닐스 보어(Niels Bohr) : 1885~1962년. 덴마크 출신의 물리학자이다. 양자론을 크게 발전시킨 공로로 1922년 노벨 물리학상을 받았다.
** 트리스카이데카포비아 : '숫자 13의 저주'라고도 불리며, 'triskaidekaphobia'라고 표기한다.

주 중요한 숫자야. 하지만 미얀마 사람들은 9가 행운을 가져다줄지, 아니면 불행을 몰고 올지에 대해서는 알지 못해. 그래서 그들은 이렇게 행동한단다. 만약 버스에 9명의 사람이 타고 있다면, 커다란 돌덩어리를 가져다가 좌석에 올려놔. 그럼 버스에 10명의 승객이 타고 있는 셈이 되지. 그러나 개인의 행운을 기원하는 사람은 9에 의존하기도 해. 9일 동안 아침 9시에 9번 만트라를 외우며, 집에 마련된 제단에 9잔의 물과 9개의 초, 9송이의 꽃, 숟가락으로 9번 푼 쌀 그리고 9개의 사탕을 올려놓지.

이슬람 국가에서 신성하게 여기는 숫자는 '7'이야. '나바호'라는 이름의 인디언 부족은 '4'를 성스럽게 섬기지. 그들에게 4는 몸과 마음의 완전함을 뜻하는 숫자이기 때문이야. 하늘에는 4개의 방향이 있고, 모든 것은 창조될 때 서로 다른 4개의 세계를 거치며 단계적으로 만들어졌다는 거야. 인간에게 중요한 것도 4가지라고 생각해. 지성, 감정, 몸 그리고 가족 이렇게 4가지이지. 또한 나바호족은 누군가에게 같은 것을 4번 반복해서 말하면, 이제 그가 그것을 잊어버리지 않게 완전히 기억했다고 믿어.

유럽 사람들이 생각하는 행운의 수는 길기만 해. 매년 11월 11일 11시 11분이면 활기찬 축제인 카니발이 시작되지. 연인들끼리 행복한 결혼 생활을 약속하는 날도 있어. 매년 10월 10일 10시가 바로 그때야. 9월 9일 9시도, 8월 8일 8시도 승낙의 시간에 해당해. 물론 그 시간에 결혼을 승낙했다고 해서 정말 그 부부가 오래오래 행복하게 잘 살았는지 조사해 본 사람은 아무도 없어.

색깔을 두고도 의견이 분분해. 세계 어디서나 장례식에는 검은 옷을, 결혼식에는 흰 옷을 입는 건 아니야. 중국에서는 흰색이 슬픔을 의미하기 때문에 결혼식 때 붉은 옷을 입어. 인도에서는 노란색이 행운을 가져다주는 성스러운 색이야. 그래서 승려들은 노란색 옷을 입고, 힌두교 사원의 지붕에는 노란색 깃발이 펄럭이지. 신도들은 이마 한가운데 노란색 점을 찍고 신의 조각상에 노란색 연고를 발라. 세계가 최첨단 기술로 무장하면 할수록, 사람들은 '마법에 홀린 행동'을 더욱 지키려 들어. 그런 면에서 오늘날 수많은 첨단 기기를 생산하는 일본에서 기계가 고장 났을 때 괴이한 방법으로 수리하는 것이 놀라운 일은 아니야. 컴퓨터가 속을 썩이면 일본 사람들은 어떻게 하는지 알아? 컴퓨터 수리 기술자를 부르는 게 아니라 가까운 신토 사원, 곧 신사로 달려가. 그런 다음 초 몇 개를 켜 놓고 컴퓨터의 완쾌를 기원하지. 도쿄의 '간다묘진'이라는 이름의 신사는 아예 시대의 요구에 맞게 신사를 전문화하기로 결정했어. 그곳의 승려들은 신들에게 보호의 손길을 뻗어 사람들의 컴퓨터와 휴대 전화를 지켜 달라고 기원해. 사람들은 바이러스와 소프트웨어 오류로부터 컴퓨터를 보호해 주는 '오마모리', 즉 부적을 구입하기도 하지.

그럼 앞서 말한 인도네시아의 마법의 망치는 과연 성공했을까? 나이젤 발리가 기적을 몸소 체험하기 위해 약속한 시간에 그곳을 찾아갔을 때, 자동차는 이미 말끔하게 고쳐져 있었대. 어떻게 해서 찌그러진 부분이 말짱하게 펴졌는지는 악마와 마법의 망치만이 알겠지.

14장_ 영국 사람들은 몸이 안 좋으면 장부터 걱정한다

질병과 문화 사이에는 어떤 관계가 있을까?

혹시 우리가 앓는 많은 질병이 문화의 차이와 상관이 있진 않을까? 아니라면 어째서 독일과 프랑스와 영국처럼 비슷한 지역에 있는 나라들끼리도 자주 앓는 질병이 저마다 다를까?

의사를 찾아간 독일 사람은 가장 먼저 맥박과 혈압을 재. 독일 사람들은 항상 심장부터 생각하기 때문이야. 물론 심장처럼 중요한 기관이 또 있을까……. 프랑스 사람은 가장 먼저 간 검사를 통해 간의 각종 수치를 점검해. 프랑스 사람들은 항상 간부터 생각하기 때문이야. 물론 간처럼 중요한 기관이 또 있을까……. 영국 사람은 가장 먼저 위장 검사부터 받아. 영국 사람들은 항상 위장부터 생각하기 때문이야. 물론 위장처럼 중요한 기관이 또 있을까…….

어딘가 불편하다고 느끼면 우리는 그 이유를 찾아내려고 해. 그 이유는 보통 우리의 생활 방식, 그러니까 문화와 밀접한 관련이 있어. 특정 기관을 걱정하면 할수록, 실제로든 상상으로든 그 부분이 아플 가능성은 점점 커져.

예를 들어 프랑스 사람들은 아주 오랜 시간, 그것도 무척 많은 양의 와인을 마셔. 이런 습관은 지방과 알코올의 해독을 담당하는 간에 큰 부담을 주지. 그래서 프랑스 사람들은 살면서 간 걱정을 가장 많이 해.

반대로 영국의 요리는 악명이 자자해. 이른 아침부터 영국 사람들은 소시지와 토마토를 곁들인 계란 프라이, 그리고 베이컨을 먹어. 점심과 저녁에는 소화가 잘 되지 않는 파이와 건포도 푸딩을 즐겨 먹지. 칼로리는 엄청나고 몸에 좋은 섬유질은 부족한 식단이야. 그런 이유로 영국 사람들은 소화 기관에 자주 문제가 생기곤 해. 어디가 좀 불편하다 싶으면 위장부터 걱정하는 건 다 그런 이유에서야.

한편 독일 사람들은 불타는 근무 욕구와 다른 사람들에게 인정을 받으려는 강한 열망으로 유명해. 그래서 스스로 감정을 자주 억누르곤 하지. 이처럼 스트레스를 참고 견디려는 태도는 혈액 순환에 큰 부담을 줘. 특히 심장을 위험하게 만들지. 그래서 독일의 의사와 환자들은 가장 먼저 심장 걱정부터 해. 혈압을 재고 심전도를 검사하지. 물론 그렇게 해서 나쁠 건 없어.

그런데 터키에서 독일로 건너와 정착한 지 2~3세대 정도가 지난 가족의 모습은 전혀 달라. 터키 출신 이주민들은 심장병을 자주 앓지 않으며, 스트레스로 고통스러워하는 일도 별로 없어. 사람들은 그 이유를 터키 사람들은 여전히 대가족을 이뤄 살고, 독일 사람들처럼 일만 중시하는 게 아니라 다른 것에도 두루 관심을 갖기 때문이라고 생각해.

이외에 실제로 독일 사람들만 앓는 질병이 있어. 그것은 '맞바람'이야. 마주 보고 있는 창문을 모두 열어 놓으면 바람이 휘몰아쳐. 그러면 독일 사람들은 "나 맞바람 맞았나 봐."라고 투덜거려. 이 말은 목덜미가 굳어진 다거나, 요통 혹은 류머티즘과 같은 증상이 나타난다는 뜻이야. 맞바람을 맞아 허리나 관절이 아픈 것은 독일의 날씨가 축축하고 추운 날이 많아서 그래. 반대로 열대 지방에서야 맞바람처럼 고마운 게 또 있을까.

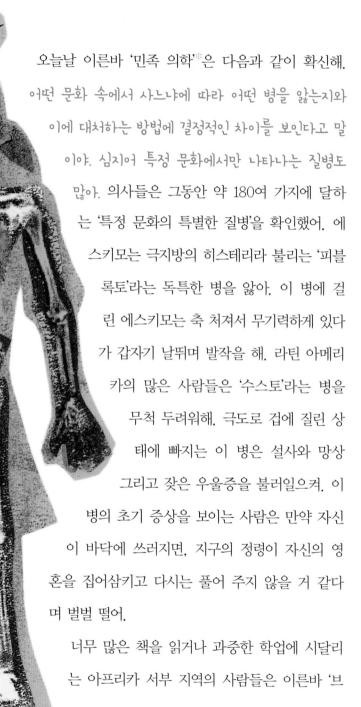

오늘날 이른바 '민족 의학'*은 다음과 같이 확신해. 어떤 문화 속에서 사느냐에 따라 어떤 병을 앓는지와 이에 대처하는 방법에 결정적인 차이를 보인다고 말이야. 심지어 특정 문화에서만 나타나는 질병도 많아. 의사들은 그동안 약 180여 가지에 달하는 '특정 문화의 특별한 질병'을 확인했어. 에스키모는 극지방의 히스테리라 불리는 '피블록토'라는 독특한 병을 앓아. 이 병에 걸린 에스키모는 축 처져서 무기력하게 있다가 갑자기 날뛰며 발작을 해. 라틴 아메리카의 많은 사람들은 '수스토'라는 병을 무척 두려워해. 극도로 겁에 질린 상태에 빠지는 이 병은 설사와 망상 그리고 잦은 우울증을 불러일으켜. 이 병의 초기 증상을 보이는 사람은 만약 자신이 바닥에 쓰러지면, 지구의 정령이 자신의 영혼을 집어삼키고 다시는 풀어 주지 않을 거 같다며 벌벌 떨어.

너무 많은 책을 읽거나 과중한 학업에 시달리는 아프리카 서부 지역의 사람들은 이른바 '브레인 포그'라 불리는 증상에 시달려. 머릿속이 하얘지며 집중력이 떨어지는 이 증상은 특히 대학생들에게 많이 나타나.

아시아 사람들은 누군가 심하게 아프면, 온 가족이 나서서 돌봐 줘. 이를테면 중국에서는 가족 중 누군가 아프면 너무나 걱정스러운 나머지 가족들뿐만 아니라 친척들까지 줄줄이 병원으로 따라가. 담요로 무장한 친척들은 환자 면회 시간이 끝나도 꿈쩍도 하지 않고 마치 자기 집처럼 벌렁 누워서 환자 곁을 떠나지 않는단다.

---

* 민족 의학 : 문화의 차이로 질병의 원인을 설명하려는 학문으로, 현재는 인류학에 포함되는 하나의 학문으로 자리 잡았다.

15장_ 싸우고 싶어?

어떤 잘못까지 범죄로 볼 수 있을까?

아이슬란드는 인구 10만 명당 고작 30명만 교도소에 갇혀 있는데, 왜 러시아는 710명이, 심지어 미국은 750명이나 교도소에 수감되어 있을까? 미국은 아이슬란드보다 정확히 25배나 더 수감자가 많아. 미국은 걸핏하면 사람들을 교도소에 넣어 버리는 걸까? 러시아 사람들은 아이슬란드 사람들에 비해 훨씬 더 폭력적일까? 아니면, 갈등이 생겼을 때 각 문화마다 해결하는 방법이 다르기 때문일까?

사냥을 생업으로 하는 원시 부족 간에도 살인은 벌어져. 가문 사이의 결투도 끊이지 않고, 부족 간에 치열한 전쟁도 일어나지. 인류학자들은 부족들이 그저 서로 적당한 거리를 유지하며 사는 것일 뿐이라고 말해. 각 부족들은 사냥과 채집에 필요한 공간을 확보할 때, 큰 욕심을 부리지 않고 구성원들을 먹여 살리기에 충분할 정도에서 그쳐. 그럼에도 각 원시 부족마다 공격성을 다루는 방식에 큰 차이를 보이지. 이는 오스트리아 출신의 인류학자이자 행태학자인 이레네우스 아이블아이베스펠트가 오랜 시간 현장 연구를 통해 원시 부족의 문화를 몸소 체험하고 밝혀낸 사실이야.

아메리카 남부 지역의 오리노코 강가에 사는 야노마미족은 아이들이 더없이 잔인해지도록 키워. 장차 이상적인 청년 투사로 성장할 수 있도록 어릴 때부터 힘으로 또래들을 제압하는 녀석을 최고로 떠받들지. 그러나 아프리카 서남부 지역의 칼라하리 사막에 사는 산족의 한 갈래인 '코(!ko)족'은 최근까지 이웃 부족과 혈전을 치렀음에도 아이들을 전혀 다르게 키워. 코(!ko)족의 아이들은 세 살에서 네 살이 될 때까지 절대로 힘을 과시해서는 안 돼. 부모와 형제들은 아이들이 모두 공정하게 뛰어놀도록 감시하고 감독해.

칼라하리 사막도 아라비아 반도의 사막 못지않게 뜨거울 거야. 그럼에도 아라비아 반도에 살고 있는 야노마미족 남자들은 자신의 공격성을 잘 다스리지 못해. 이 부족의 남자들은 툭 하면 명예가 더럽혀졌다며 아주 사소한 일에도 끝이 휘어진 단검을 뽑아 들어. 이것은 끝없는 결투를 불러오지. "이웃 부족의 남자가 네 삼촌을 죽였대! 그러니까 너는 복수를 해야 해." 물론 이웃 부족의 남자에게도 조카가 있어. "야, 네 삼촌이 누구 조카의 손에 죽었다더라……."

서기 7세기에 마호메트가 이슬람교를 창시했을 때, 그는 신앙과 일상생활에서 '샤리아'라는 이름의 엄격한 율법을 지키도록 했어. 하루에 다섯 번 기도를 하고, 알코올은 입에 대지도 말며, 돼지고기를 먹어서는 안 되고, 가난한 이들을 위해 자선을 베풀며, 사소한 잘못이라도 스스로 엄격하게 다스리라는 게 주된 내용이야. 비록 이 모든 게 대단히 엄한 규칙이긴 했지만, 갈수록 더 많은 사람들이 새 종교의 명령에 따랐어. 샤리아가 늘 갈등이 끊이지 않던 이 지역 전체에 평화를 가져다주었기 때문이었지. 이웃 대 이웃, 마을 대 마을, 부족 대 부족으로 밤낮없이 피를 흘리며 싸우던 지역에 평화를 가져다준 종교가 얼마나 고마웠겠어.

또한 마호메트는 여자는 여자들끼리만 어울리고, 외출할 때는 반드시 얼굴을 가리라고 선포했어. 이는 괜스레 여자들에게 심술을 부리려고 그런 게 아니야. 이렇게 해서라도 갈등이 일어날 여지를 될 수 있는 한 줄이고 싶어서였지. 재산과 명예 외에 특히 여자 때문에 남자들이 많이 다투었거든. 물론 이런 율법을 오늘날과 같은 남녀평등의 시대에도 고집해야 할 이유는 없어.

다른 얘기를 해 볼까? 아랍 사람들은 눈길만 마주쳐도 상대에게 시비를 거는 반면, 아시아 사람들은 그런 것 가지고는 전혀 흥분하지 않아. 아시아 사람들은 늘 미소를 지으며, 매우 공손하고 친절하게 행동하지. 그러나 미소라고 해서 다 같은 미소라고 보면 곤란해. 아시아 사람들은 미소 뒤에 진짜 감정을 숨기고 있을 때가 많거든. 되도록 얼굴을 찌푸리지 않고, 상대를 자극하지 않으려 할 뿐이야. 예를 들어 서양 관광객들의 태도가 맘에 들지 않아도 꾹 참고 있다가 나중에 자기네들끼리 불만을 얘기하는 것을 보면 진짜 그 속내를 알 수 있어.

하지만 끊임없이 미소만 짓는 태도는 대가를 치르기 마련이야. 무언가 빼앗겨도 웃고, 놀림을 당해도 웃어. 물론 겉으로만 그런 것일 뿐, 속으로는 부글부글 끓어. 그러다가 압력이 더 이상 참을 수 없을 만큼 커지면, 말 그대로 폭발해 버리고 말아. 고함을 지르고, 욕설을 퍼부으며, 길길이 날뛰다가 어느 순간 푹 고꾸라지고 말지. 사람들이 지켜보는 앞에서 스스로 목숨을 잃는 '어이없는 자살'이 벌어지는 셈이야. 인도네시아에서는 이것을 '푸푸탄'이라고 해.

이보다 더 심각한 것은 이른바 '묻지 마 살인'이 벌어질 수도 있다는 점이야. 미친 듯 날뛰며 아무나 닥치는 대로 죽이는 묻지 마 살인을 뜻하는 영어 단어 '아목(amok)'은 말레이시아어 '멩-아목(meng-âmok)'에서 유래한 것으로, 크게 분노한 나머지 맹목적으로 공격을 한다는 뜻이야. 그러나 다행히도 아시아 사람들 가운데 무기를 뽑아 드는 사람은 별로 없어. 그런 일은 주로 서양에서 일어나지.

겸손하게 잘못을 인정하는 태도 역시 아시아와 서양이 크게 달라. '하라키리', 곧 할복만을 두고 하는 말은 아니야. 자신의 명예가 훼손됐다고 해서 칼로 자기 배를 가르는 극단적인 행동 말고도 눈으로 확인할 수 있는 차이는 많거든. 일본의 정치가나 사업가가 잘못을 인정하는 경우, 유럽 사람들은 일본어를 알지 못해도 그들이 무엇을 말하고자 하는지 확연히 알아볼 수 있어. 그들의 몸이 말해 주기 때문이지. 고개를 푹 숙이고

단상에 올라 연설을 하는 동안에도 몇 번이나 사람들에게 굽실거려. 이것이 일본 사람들이 용서를 구하는 방식이야.

반대로 유럽에서는 언제나 '처벌 우선주의'라는 원칙을 앞세워. 범죄를 저지르거나, 교통사고가 나거나, 사업이나 정치가 실패했을 때에도 사람들은 항상 책임이 누구에게 있는가를 분명히 하려고 해. 본래 이런 잘못이 여러 사람들이 함께 저지르거나 그 나라의 사회 체계 때문에 빚어진 일이라 할지라도 말이야. 상징적으로 한 사람이 나서서 책임을 인정하고 자리에서 물러나거나, 법의 심판을 받고 교도소에 가는 일이 잦아.

사회가 용인할 수 있는 범죄는 어느 정도일까 하고 묻는다면, 사람들은 입을 모아 될 수 있는 한 적으면 적을수록 좋다고 대답할 거야. 범죄는 사회를 공포 분위기로 몰아넣고, 사람과 재산을 파괴해. 또 범죄자를 추적하고 처벌하는 일에도 적지 않은 비용이 들어가지. 사회가 용인할 수 있는

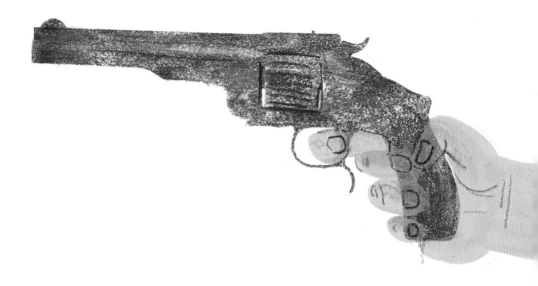

범죄의 수위는 전적으로 그 사회에 달려 있다고 노르웨이의 사회범죄학자 닐스 크리스티는 말했어. "범죄로 볼 수 있는 행위는 사실상 무제한으로 많다."

그 자체로 '범죄 행위'인 것은 없어. 네덜란드에서는 자유롭게 대마초를 피울 수 있지만, 미국에서는 매년 수십만 명에 달하는 사람들이 마약에 손을 댔다는 이유로 교도소에 가. 반면 미국에서는 성인이라면 누구나 자유롭게 총을 살 수 있어. 누구도 총을 어디에 쓰기 위해 사는 거냐고 묻지 않지. 그런데 미국을 제외한 대부분의 나라에서 총을 구입하는 것은 범죄야. 무기는 쉽게 소지하고 다닐 수 있는 반면, 미국의 많은 주들은 공공장소에서 맥주나 그 외에 다른 종류의 술을 마시는 것을 금지해.

사람들이 얼마나 자주 처벌을 받는가 하는 질문의 대답도 사회의 크기에 따라 달라져. 아이슬란드같이 작은 나라에서는 사람들이 서로를 잘

알기 때문에 어떤 소식을 접하고 나서 바로 이렇게 물어봐. "그 친구 왜 그랬대? 어떻게 하면 그가 잘못을 되돌릴 수 있을까?" 그러나 미국이나 러시아처럼 여러 개의 대도시를 가진 큰 나라에서는 사람들이 서로를 잘 몰라. 그래서 여차하면 경찰부터 부르지. 경찰은 의심이 되는 사람의 옳고 그름을 따져 보지도 않고 곧바로 법정에 세워. 슈퍼마켓에서 껌을 훔치는 것과 같은 작은 잘못 때문에 교도소에 가는 사람들이 많은 이유가 달리 있는 게 아니야. 게다가 정치가들은 사회가 불안정할수록 무자비하게 사법 처리를 해야 한다고 생각해. 법과 질서에는 아무런 문제가 없다는 것을 강조하기 위해서지.

이것이 바로 아이슬란드보다 미국과 러시아에서 더 많은 사람들이 교도소에 가는 이유야. 아이슬란드에서는 40명을 수감하는 교도소도 너무 크게 보이는 반면, 미국의 교도소는 커다란 공장이 무색해 보일 정도지.

미국의 교도소에 수감되어 있는 수감자는 평균 200만 명이야. 이 중 대다수는 마약과 관련하여 법의 심판을 받은 사람들이지. 주로 남자인 수감자들은 한창 일할 수 있는 나이임에도 교도소에서 아무것도 하지 않고 지내. 국가 전체로 볼 때 엄청난 손실이 아닐 수 없지. 또 이러한 처벌이 꼭 필요한 것도 아니야.

모든 잘못을 범죄시할 필요는 없다고 닐스 크리스티는 말했어. 처벌이나 복수보다 더 중요한 것은 잘못을 바로잡는 일이니까. 희생자와 얼굴을 맞대고 뭐가 어떻게 잘못된 것인지 낱낱이 밝힌 다음, 최선을 다해 피해 입은 것을 최대한 원상회복하는 게 중요하지.

그런 일이 어떻게 이루어져야 하는지를 잘 보여 주는 사례는 아프리카와 남아메리카의 국가들에 많이 있어. 칠레와 아르헨티나의 독재, 남아프리카의 특정 집단 핍박, 르완다의 민족 학살 등 중대 범죄가 일어난 나라들에서 범인은 법정에 서지 않아. 옛 정권과 자주 결탁한 검사나 법관이 여는 재판은 무의미하다고 보기 때문이지.

그 대신 '진실과 화해 위원회'가 활동해. 범인들은 진실과 화해 위원회에 출석해서 희생자와 여론 앞에 서야만 해. 진실과 화해 위원회의 설립 바탕에 깔린 생각은 이래. 법정에 선 범인은 대개 자신을 방어하려 하면서 자신이 한 행동을 부정하게 마련이야. 하지만 진실과 화해 위원회는 범인이 스스로 잘못을 실토할 수 있도록 분위기를 조성해. 그런 다음 용서를 해 줘. 이런 방식으로 가해자와 피해자는 한자리에 모여 서로 화해할 수 있어. 여기에 복수가 끼어들 자리는 없지.

16장_ 원숭이 옆에 기린 옆에 사람

원주민은 정녕 원시나 야만의 상징인 걸까?

'쾰른 동물원에 놀라운 볼거리가 찾아왔어요! 정글을 그대로 본떠 만든 마을에 사는 스미스 가족을 구경하세요!' 19세기 후반 아프리카와 아시아, 아메리카의 원주민들은 이른바 '인간 동물원'이라는 이름의 전시회를 위해 전 세계를 순회했어. 특별히 마련된 전시관이나 장터 또는 심지어 동물원에서도 '인종 전시회'를 열었지. 그러니까 원숭이와 기린과 사람을 나란히 전시한 거야!

인종 전시회의 대표적인 예가 위에서 살펴본 광고문의 스미스 가족이야. 물론 이 가족의 진짜 이름은 전혀 다른 것이었지만, 쾰른 시민들이 그들의 이름을 정확히 읽고 발음하기란 너무나 어려운 일이었지. 쾰른 동물원에서 원주민들은 나무와 야자수 잎으로 만든 조그만 오두막에서 살며 관람객들을 맞았어. 그들은 그들의 전통 방식으로 요리를 했으며, 이따금씩 관람객들을 위해 춤을 추기도 했어. 당시만 하더라도 아직 카메라가 없었기 때문에 관람객들은 입을 헤 벌린 채 구경만 했지.

그런데 학자들도 전시회에 관심을 가졌어. '베를린 인류학, 민속학, 원시 역사학 통합 학회'의 요청으로 인종 전시회 특별 공연이 열리게 되었지. 참고로 이 연구소에는 유명한 병리학자 루돌프 피르호*도 있었어. 학자들은 원주민들의 몸 크기와 허리둘레, 가슴둘레, 두 팔과 두 다리의 길이, 두개골의 모양 등을 측정하고 온갖 질문을 했어.

심지어 어떤 학자는 이 연구 결과를 가지고 생물학적 우성 인종주의를 만들어 내기도 했어. 피부색, 몸 크기, 지능 등의 차이로 왜 유럽 사람들의 교양이 뛰어난지, 어째서 다른 민족은 열등한 '미개인'인지를 설명할 수 있다는 거였지. 반대로 다른 인류학자는 아프리카 줄루족 여인들의 몸 크기와 비율 따위를 재고 난 다음, 비교적 악의 없는 판단을 내렸어. "이처럼 아름답고 강인한 몸을 가진 야생 동물은 정말 처음 본다."

이런 전시를 기획하고 실행한 사람 가운데 한 명은 독일 함부르크 동물원의 창설자 칼 하겐베크야. 지금도 함부르크에는 그의 이름을 딴 동물원이 있어. 그는 라플란드 사람과 순록, 에스키모 등을 보여 주는 쇼를 연출하거나, 아예 '야생의 아프리카' 혹은 '나일 강의 인종들'이라는 이름으로 다양한 흑인들의 모습을 파노라마처럼 보여 주는 전시를 하기도 했어. 또한 이 전시에선 연극 같은 장면이 연출되기도 했어. 이를테면 이런 식이

---

* 루돌프 피르호(Rudolf Virchow) : 1821~1902년. 독일의 인류학자이자 병의 원인과 발생 과정을 연구하는 병리학자이다. 독일 인류학회를 만들고, 트로이의 유적을 발굴하기도 했다.

야. 노예를 사고파는 아라비아 상인이 아프리카 수단의 어느 평화로운 마을을 급습해. 이때 돌연 하겐베크를 따르는 사냥꾼들이 나타나 아라비아 사람들을 물리쳐. 곧이어 마을에서는 흑인들과 하겐베크의 사냥꾼들이 우정의 축제를 벌이지.

　인종 전시회를 통해 다양한 인종을 사람들에게 널리 알리고, 그들을 이해시키는 것이 자신의 의도였다고 하겐베크는 말했어. 그러나 그의 진짜 속내는 이런 식으로 독일 제국의 식민지 정책을 정당화하려는 것일 뿐이었지. 독일 제국은 식민지로 삼은 나라들이 자신을 '침략자'가 아닌 '보호자'로 보길 원했으니까. 침략자가 아니라 어디까지나 보호자임을 주장하며 독일 제국은 1884년에 카메룬의 벨 왕과 이른바 '보호 조약'을 체결했어. 이렇게 해서 벨 왕의 땅은 '독일-서아프리카(오늘날의 토고와 카메룬)'가 되었지. 같은 해 '독일-남서아프리카(오늘날의 나미비아)'도 독일 제국의 지배 아래 들어왔어. 이듬해에는 '독일-동아프리카(오늘날의 탄자니아, 르완다, 부룬디)', '독일-위투(오늘날의 케냐 남부 지역)', '독일-소말리 해안(오늘날의 소말리아 일부 지역)', '독일-뉴기니', '카이저 빌헬름 왕국', '비스마르크 제도', '부건빌 섬(오늘날의 파푸아 뉴기니 지역)', '마셜 제도' 등이 뒤를 이어 독일 제국의 땅이 되었어. 나중에 '캐롤라인 제도(오늘날의 미크로네시아)', '자오저우(오늘날의 중국)', 그리고 '독일-사모아'가 추가되었지. 사실 이런 나라들과 섬들은 당시 '알짜배기 식민지'로 평가받은 곳은 아니었어. 독일 제국이 식민지 확보 경쟁에 뒤늦게 뛰어든 탓이었지. 다른 나라들이 차지하고 남은 땅으로만 배를 채워야 하는 게 독일 제국의 처지였어.

이 모든 일은 15세기에, 그러니까 크리스토퍼 콜럼버스나 이후 페르디난드 마젤란과 같은 탐험가들이 배를 타고 새로운 교역 노선을 찾으러 떠났을 때부터 시작되었어. 포르투갈과 스페인은 아프리카를 지나 멀리 극동까지 나아갔으며, 대서양을 횡단해 신대륙에 이르렀어. 탐험가들이 향료나 은과 금에만 관심을 가졌던 반면, 배에 함께 탄 선교사들은 원주민들의 영혼을 구원하려고 했어. 기독교를 모른다는 이유만으로 원주민들의 문화와 종교는 야만 취급을 당했지.

유럽 사람들은 탐험한 지역을 식민지로 만드는 일에 열을 올렸어. 16세기에는 멕시코를, 그다음에는 카리브 해 지역을 차지했으며, 마침내 아시아와 아프리카에까지 눈을 돌렸지. 대략 100년 전만 하더라도 프랑스, 대영 제국, 스페인, 포르투갈, 네덜란드, 이탈리아, 벨기에 그리고 독일 제국은 원주민들이 살고 있는 지구의 거의 모든 땅을 나누어 가졌어. 물론 유럽 사람들은 식민지로 삼은 낯선 땅에 가서 사는 것을 원하진 않았어. 그곳은 야생이자 미개한 땅이자 문명을 모르는 나라니까.

식민지를 나눠 가진 나라의 군주들은 원주민들을 대상으로 재교육 프로그램을 시작했어. 게으른 것을 꾸짖고, 기독교를 알려 주는 척하면서 속으로는 원주민들을 자신들에게 충성하는 신하로 만들려는 속셈이었지.

1913년만 하더라도 독일 제국 의회의 의원들은 식민 정책을 놓고 열띤 토론을 벌이면서 원주민들을 다음과 같이 다루자고 주장했어. "원주민들은 거칠고, 잔인하며, 미신을 믿습니다. 그래서 성품을 온순하게 길들여 줘야 할 뿐만 아니라 가르침을 주어야 합니다. 존경하는 의원 여러분, 요컨대 원주민들은 덩치 큰 아이와 다를 바 없습니다. 이들은 교육과 지도를 필요로 합니다." 어떤 의원의 연설을 그대로 옮긴 것이야.

그럼 원주민들은 어떻게 행동했을까? 사모아의 원주민들처럼 많은 부족이 평화롭게 복종한 반면, 자신들을 지키기 위해 나선 부족도 적지 않았어. '독일-남서아프리카'에서는 헤레로족이 폭동을 일으켰어. 이들은 당시 혹독한 가뭄을 겪은 뒤라 이웃 부족과 초원을 두고 다툼이 한창이었단다. 이웃 부족은 독일 제국으로부터 얻은 최신 무기들을 갖고 있었는데, 이 무기들을 빼앗은 헤레로족은 그걸로 독일 군대를 급습했어. 그러자 독일 제국은 나미비아의 사막으로 대군을 급파했지. 이 원주민들은 교육을 통해 복종시킬 수 없으니 씨를 말려야 한다는 게 독일 제국 권력자들의 생각이었어. 결국 인구가 10만 명 가까이 되던 헤레로족은 7년에 걸친 전쟁 끝에 1500명만이 살아남았단다.

19세기가 끝날 무렵 대부분의 원주민들은 몰살당했어. 그리고 그들의 전통적인 생활 방식도 흔적도 없이 사라져 버렸지. 원주민들이 고향에서 재교육을 받든 맞서 싸우든, 이국적인 인종 전시회는 아랑곳하지 않고 본격적인 대중오락으로 자리 잡았어. 베를린의 동물원에서는 정기적으로 인종 전시회가 열렸으며, '카스탄의 전시관', '보행자를 위한 전시관', '요정 궁전', '토끼 들판' 등과 같은 행사장이나 광장 혹은 대형 술집, 카페, 장터 등에서도 앞다퉈 개최되었지.

그러나 당시 유럽 사람들에게 그들이 살고 있는 고도로 산업화된 기술 도시는 자신들이 추구하는 가치를 갖고 있는 낙원이 아니었어. 예술가와 학자들에게 파라다이스는 원형 그대로의 자연이었으며, 그 주인은 바로 원주민이었지. 이는 산업화와 식민지 쟁탈전이라는 흐름에서 최초로 벗어난 예술가, 이를테면 프랑스의 화가 폴 고갱*이 타히티 섬에 가서 원주민들과 함께 살아 본 뒤 한 말이야. 1918년에 독일이 사모아에서 물러나자마자 그곳을 찾아간 미국의 인류학자 마거릿 미드**는 사모아를 조금 둘러보고 난 다음 이렇게 말했어. "남태평양의 사모아야말로 파라다이스다!"

덧붙이는 말 한 가지. 한번은 어떤 기자가 인종 전시회에 나온 배우 한 명을 인터뷰하겠다는 특이한 발상을 했어. 1896년 베를린의 전시회장을 찾은 기자는 토고의 추장 브루스에게, 사람들이 쳐다보고 이따금씩 모욕적으로 놀리는데도 아무렇지 않느냐고 묻자 그는 다음과 같이 답했어.

"오, 아니에요. 무슨 말이든 하게 내버려 두죠. 그런 사소한 걸 가지고 제가 왜 화를 내겠어요. 곧 다시 만나요!"

---

* 폴 고갱(Paul Gauguin) : 1848~1903년. 프랑스의 후기 인상파 화가이다. 타히티 섬에 살며 섬 풍경과 원주민 생활을 주로 그렸다.
** 마거릿 미드(Margaret Mead) : 1901~1978년. 미국의 인류학자이다. 다문화를 중시하는 문화 상대주의를 적극 주장하며 소수 민족의 문화 보호에 앞장섰다.

17장_빠른 게 먼저다

나라마다 교통 문화는 어떻게 다를까?

아침마다 빵을 사기 위해 빵집으로 달려가니? 저녁이면 개를 데리고 동
네를 산책하니? 미국에서는 그럴 수 없어. 마이애미나 시카고 같은 대도
시에서는 보도블록도, 보행자를 위한 신호등도 거의 찾아보기 어렵거든.
4차선이나 6차선 혹은 8차선의 넓은 도로 위를 자동차들이 씽씽 달릴
뿐이야. 미국 사람들은 백화점에서 쇼핑을 하거나 해변을 거닐 때 혹은
몇몇 운동 경기를 할 때에만 두 발로 걸어. 물론 집에서 생활할 때에도 그
렇고. 아무튼 미국 사람들은 거의 모든 일을 자동차를 타고 해결해.

터키 사람들도 걷는 것을 별로 좋아하지 않아. 걸어 다니는 사람은 가
난한 자로 낙인찍히지. 하지만 자기 차가 없어도 걸을 필요는 없어. 제대
로 된 철도망도 없고, 수도인 이스탄불을 제외하면 대중교통망도 잘 갖추
어져 있지 않지만 말이야. 어디로 가고 싶든 상관없어. 일단 가까운 도로
변으로 나가. 그리고 기다리면 돼. 길어야 몇 분 걸리지 않아. 거의 모든

방향에서 버스가 나타나 승객들을 태울 테니까. 멀리 가지 않고 바로 다음 동네에서 내린다고 해도 버스 운전사는 아무런 불평도 하지 않아. 이처럼 터키에는 버스가 정말 많아. 그중에서도 국경을 넘나드는 장거리 버스는 그야말로 최고급이지. 음료와 과자 서비스는 물론이고, 비디오 감상까지 할 수 있거든. 소도시 사이에는 중형 버스가 다녀. 그리고 인원이 꽉 찼다는 뜻의 '돌무스'라는 소형 버스는 도로든 자갈길이든 길이라면 어디든 가. 아마 버스 터미널을 찾은 관광객은 이토록 빨리 출발할 수도 있나 하고 깜짝 놀랄 거야. 버스 터미널에 들어서면 누군가 다가와서 말을 걸며 차표 파는 창구로 데리고 가. 그리고 잠시 뒤, 원하는 곳으로 가는 정확한 버스에 타고 있는 자신을 발견하지.

　이른바 '합승 택시'라 불리는 교통수단은 아프리카 전체뿐만 아니라 아시아와 남아메리카 대부분의 지역에 퍼져 있어. 아프리카의 경우 도시에

서는 소형 버스를, 지방에서는 '픽업'이라는 소형 트럭을 이용해 움직여. 픽업을 타고 가는 것은 정말이지 모험이야. 20명이 넘는 사람들을 픽업의 짐칸에 몰아넣거든. 짐칸에 탄 사람들은 트럭이 움직이는 내내 지독한 흔들림을 참아야 해. 아프리카에는 아스팔트 도로가 거의 없고 대개 자갈길이거나 흙길이거든. 게다가 듬성듬성 커다란 웅덩이도 패여 있지.

브라질의 리우데자네이루에서도 승객들은 위험을 감수해야만 해. 수백만의 인구를 자랑하는 이 대도시의 버스 노선은 국가나 시에서 운영하는 것이 아니라 민간 기업이 운영해. 그러다 보니 버스들은 마치 자동차 경주 시합을 하는 것처럼 달려. "브레이크요? 그런 건 비상시에만 밟죠." 어떤 버스 운전자의 말이야. "매일 이렇게 차가 막히는데 달리 도리가 없어요. 밀어붙이고 오른쪽, 왼쪽으로 곡예를 부리며 빠져나가야죠. 다들 그렇게 해요. 그리고 내 버스는 정말 강하거든요!" 좁은 길을 시속 80킬로미터의 속도로 커브를 돌며 달리다 보니 한쪽 바퀴가 들리기도 해. 버스의 사고율은 2006년에 가장 높았어. 1800여 건의 사고로 3000명의 부상자와 90명의 사망자가 발생했지. 그래서 정부에서는 GPS 시스템으로 버스들을 감시하기 시작했어. 운행 속도와 앞차와의 간격을 통제하는 거야. 너무 자주 추월을 하는 버스 운전자는 해고를 당해. 그런데 너무 자주 추월을 당하는 운전자도 해고를 당해. 이게 바로 리우데자네이루야. 버스 요금은 2.10헤알(Real), 그러니까 달러로 환산했을 때 채 1달러도 되지 않는 돈으로 위험하긴 하지만 싸구려 모험을 즐길 수 있어.

반대로 독일에서는 버스와 철도 요금이 아주 비싸. 그 대신 그만큼 더 안전하지. 물론 그렇다고 해서 독일 사람들이 승용차를 덜 탄다는 말은 아니야. 독일은 고속도로 통행료를 받지 않고, 세계에서 속도 제한을 하지 않는 유일한 나라거든. 그래서 독일 프랑크푸르트 공항의 렌터카 업체들은 포르쉐와 같은 고급 스포츠카들을 놀라울 정도로 많이 갖추고 있어. 고속도로를 제대로 달려 보고 싶은 세계 각국의 남자들이 독일로 몰려들기 때문이야. 물론 현재 이런 '놀이'는 수많은 규정들로 제한되었어. 고속도로인 아우토반에서도 구간별로 속도를 제한하고 있고, 국도와 시내 도로에서는 예전부터 속도를 제한해 왔으니까.

다른 나라들은 속도만 제한하는 게 아니야. 이탈리아의 피렌체나 로마처럼 도로가 좁은 도시에서는 매일 승용차 운전자의 절반이 운행을 하지 못해. 하루는 번호판의 끝자리가 홀수인 차량만, 다음 날에는 짝수인 차량만 운행을 할 수 있거든. 멕시코의 수도 멕시코시티에서는 시내에서 승용차를 혼자 타고 운행하면 처벌을 받아. 그러자 검문소를 얼마 남겨 놓지 않은 지점에서 돈을 받고 잠시 차에 타 주는 사람들이 생겨났어. 필요한 만큼 머릿수를 채워 주는 역할을 하는 셈이지. 검문소를 통과하면 이 사람들은 다시 내려.

일본의 수도 도쿄에서는 주차할 곳이 있다는 걸 증명한 사람만 차량 등록을 할 수 있어. 베이징을 비롯한 중국의 대도시에서는 자동차 등록증 신청자 중에서 매달 정해진 만큼만 추첨을 해. 2010년의 당첨 확률은 그리 높지 않았어. 열 명의 신청자 가운데 단 한 명만 자동차 등록증을 얻었거든. 이로 미루어 볼 때 아시아에서도 갈수록 승용차가 높은 신분의 상징으로 여겨지는 모양이야.

승객을 가득 태운 리무진 버스와 화물을 가득 실은 트럭 중에서 어느 쪽이 더 강할까? 사실 좀 아리송하기는 해. 양쪽 다 자기가 더 강하다고 생각하는 탓에 아시아 대부분의 지역에서 트럭과 버스가 충돌하는 사고가 자주 일어나. 평소 아시아 국가의 도로에서 서열은 분명해. 큰 놈이 우선이지. 버스와 트럭은 다른 모든 차량을 무시하고 달려. 그리고 지프차는 버스와 트럭을 제외한 다른 모든 차량을 밀어내지. 승용차는 버스와 트럭과 지프

차를 제외한 모든 탈것을 향해 빵빵 경적을 울려. 서열에서 승용차 뒤를 잇는 것은 이른바 '툭툭'이라는 이름의 삼륜 택시야. 툭툭은 바퀴가 세 개밖에 없다는 약점을 경적으로 해결하지. 운송 수단 서열의 밑바닥을 장식하는 것은 이른바 '리어카'라고 하는 손수레와 자전거야. 손수레와 자전거는 아시아에서 여전히 중요한 운송 수단이며, 아시아에서는 전 세계에서 생산되는 자동차 수보다 훨씬 더 많은 양의 자전거를 생산해. 매년 1억 대이상의 자전거가 생산되고 있는 것으로 짐작되지만, 정확한 숫자는 아무도 몰라.

세계에서 가장 위험한 도로는 '카미노 데 라 무에르떼', 즉 '죽음의 도로'야. 이 도로는 볼리비아의 수도 라파스를 지나 북쪽에 있는 융가스라는 아마존 열대림에 이르는 길이야. 그래서 정식 명칭은 '융가스 도로'이지. 그러나 도로라는 말은 과한 표현이야. 자갈길이라고 부르는 게 더 어울리는 이 길의 대부분은 트럭 한 대가 간신히 지날 정도로 폭이 좁지만 그럼에도 양방향으로 차들이 다녀. 끝없이 구불구불 이어지는 길은 해발 고도 3360미터인 라파스를 지나 해발 고도 4650미터인 안데스 산 고개를 넘은 다음, 갑자기 고도 차이가 330미터나 나는 지점까지 절벽 같은 비탈길을 내려가야 해. 또한 도로의 대부분이 고도 차이가 500~1000미터에 이르는 가파른 내리막인데도 변변한 가드레일조차 없어. 매년 가파른 내리막 구간에서 수십 대의 버스, 트럭, 승용차가 추락하는 것은 놀라운 일도 아니야. 특히 안개나 어둠 속에서 차량들은 더 많이 곤두박질치지. 물론 이곳엔 가로등도 없어.

매년 수백 명의 사상자가 발생하다 보니 볼리비아 정부는 이 구간을 통행금지 구간으로 선포했어. 하지만 이런 금지 규정을 제대로 지키는지 대대적으로 감시하지는 않아. 2006년에 완공된 아스팔트로 만든 우회 도로는 총 길이가 훨씬 길어서 시간과 연료를 더 많이 잡아먹는 탓에 볼리비아 사람들은 그냥 계속 죽음의 도로를 이용해. 그때마다 거룩한 '파챠마마'에게 기도를 올리지. 파챠마마는 원래 잉카족이 섬긴 대지의 여신인데, 지금은 볼리비아 사람들의 상당수가 기독교를 믿는 탓에 '성모 마리아'가 그 자리를 대신해. "마리아는 정말 지켜 줘요." 어떤 트럭 운전사의 말이야. "단, 마리아를 정말 간절하게 믿으면 말이죠." 그 증거는 운전사 자신이야. 그는 20년 동안 단 한 번 절벽 밑으로 떨어졌다고 해. 50미터 아래로 추락한 거야. 그럼에도 그는 아직 살아 있어!

18장_왜 문신은 멋지지만 시커먼 치아는 끔찍할까?

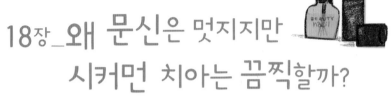

우리는 무엇을 아름답다고 여기나?

잘생긴 사람은 그렇지 않은 사람보다 유리한 인생을 살아. 진짜 그렇다고 생각하는 사람들이 아주 많지. 특히 이런 생각은 브라질과 미국에서 더욱 두드러져. 미국의 소녀들은 아주 어렸을 때부터 어른처럼 매니큐어를 칠해. 물론 미국 모든 지역의 소녀들이 그런 것은 아니고, 주로 부자들이 모여 사는 지역에서 이런 현상이 강하게 나타나. 거기에 사는 6살에서 9살 사이의 소녀 가운데 3분의 2는 손톱에 매니큐어를 칠하고, 8살에서 12살 사이의 소녀들은 이때부터 향수를 뿌릴 뿐만 아니라, 립스틱을 바르고, 다이어트에 몰두해.

그런데 예쁘다는 것은 대체 뭘까? 어떤 게 예쁘고 어떤 게 안 예쁜지는 우리가 살고 있는 문화가 결정해. 한동안 뚱뚱하고 하얀 피부를 가진 여자를 예쁘다고 하던 시절이 있었어. 잘 먹어서 건강하기 때문에 임신도 잘하고, 오랫동안 굶주려도 잘 견딜 수 있다는 거였지. 또한 피부가 하얗다는 것은 그만큼 실외에서 햇빛을 쐬지 않았다는 뜻이니까. 다시 말해 희고 고운 피부는 굳이 노동을 하지 않아도 될 만큼 잘산다는 증거인 셈이지. 반대로 메마른 여자는 병약해 보인다고 싫어했어.

얼마 전까지만 하더라도 건강미를 이상적으로 생각하는 여인상은 중동과 아프리카의 몇몇 나라에서 그대로 지켜졌어. 그러나 할리우드 영화의 범람, 텔레비전과 인터넷의 영향으로 그곳에서도 아름다움의 기준이 바뀌기 시작했지. 이제는 될 수 있는 한 마르고 날씬하며, 브라질 모델들처럼 짙은 갈색의 피부를 가진 사람을 미인이라고 해.

물론 서구 사회의 유행만이 다른 사회의 문화를 정복한 것은 아니야. 반대의 경우도 심심찮게 찾아볼 수 있거든. 한 예로 폴리네시아 원주민들이 치르던 의식 중 하나가 마치 들불처럼 전 세계로 번졌어. 그것은 바로 몸에 문신을 새기는 일이야. 문신은 점차 유럽과 미국의 청소년들에게 없어서는 안 되는 것으로 자리매김하며 아름다움의 표준이 되었어. 하지만 여기에서도 문화적인 차이를 확인할 수 있어. 프랑스와 영국과 스페인처럼 서로 이웃하고 있는 나라들 간에도 차이를 보이거든.

몇 백 년 동안 가톨릭의 엄격한 규율을 지키며 살아온 스페인 청소년들은 그야말로 경쟁하듯 앞다투어 문신을 새겨. 온몸에 온갖 문신을 새겼으면서도 만족하지 못하지. 반대로 프랑스 청소년들은 문신 새기는 것을 몹시 꺼려. 그 원인은 좀 과하다 싶을 정도로 건강을 걱정하는 태도에도 있지만, 많은 상담 시설에서 문신의 위험성을 거듭 강조하고 있기 때문이야. 문신은 알레르기를 일으킬 수 있으며, 아무런 흉터도 남기지 않고 지우기도 어려워. 또 프랑스 사람들의 문신 혐오는 역사에 뿌리를 두고 있기도 해. 19세기 초 나폴레옹이 프랑스를 지배했을 때 범죄자들은 어깨에 커다랗게 알파벳 'V'를 새겨야 했어. 이는 '볼러흐(voleur)', 즉 도둑이라는 표시였지. 문신이 역사와 더 밀접하게 맞물려 있는 나라는 영국이야. 한때 해양 강국이었던 영국은 오랫동안 문신 왕국이기도 했어.

문신이 폴리네시아 원주민들의 기억에서조차 잊힐 무렵, 서구 사회의 두 그룹은 오히려 문신에 열을 올렸어. 그중 하나는 남태평양에서 문신 새기는 풍습을 가지고 들어온 선원들로, 이 풍습은 감옥의 죄수들에게 빠르게 퍼졌어. 죄수들 사이에서 문신이 얼마나 유행을 했던지, '스코틀랜드 야드'*는 강력범들의 문신을 기록으로 남겨 둘 정도였지. 당시는 아직 지문 채집을 하지 않을 때였거든. 바로 이런 이유 때문에 문신은 선풍적인 인기를 누렸어. 말 그대로 방탕한 분위기를 즐겼던 거야. 문신은 몸에 찍히는 '낙인'과 같았어. 그러나 문신은 옷으로 교묘하게 가릴 수도 있었지. 몸에 문신을 새긴 사람은 평소에는 옷으로 문신을 가리고 있다가 자신이 '위험한 악당'이자 '모험가'라는 걸 과시해야 할 때에는 옷을 벗어 문신을 드러냈어.

말이 나온 김에 짚어 보자면, 폴리네시아에서 문신의 전통이 영원히 잊

---

* 스코틀랜드 야드 : 영국 런던 경찰국을 부르는 별칭으로, 영국 경찰대 중 가장 규모가 크다.
** 카를 폰 덴 슈타이넨(Karl von den Steinen) : 1855~1929년. 독일의 의사이자 인종학자이자 탐험가로, 브라질 민속학 연구를 시작하고 큰 연구 성과를 남긴 인물이다.

힐 뻔한 이유는 기독교 선교사들과 프랑스 점령군들이 씨가 마를 정도로 이 풍습을 심하게 탄압했기 때문이야. 독일의 의사이자 인종학자인 카를 폰 덴 슈타이넨**이 마르키즈 제도에 도착한 것은 1897년의 일이었어. 그는 나이 든 원주민들의 몸에 새겨진 문신을 일일이 그림으로 그리고, 그들로부터 문신을 새기는 전통에 얽힌 전설과 의식 그리고 문신의 모티브가 되는 것들이 의미하는 바를 듣고 꼼꼼하게 기록해 두었지. 그런 다음 1928년에 그동안 자신이 조사한 것들과 그린 그림들을 세 권의 두툼한 책으로 펴냈어. 이로부터 약 70년이 흐른 뒤, 폴리네시아 사람들은 비로소 다시 그들의 전통에 관심을 갖기 시작했어. 문신을 새긴 조상들은 아무도 남아 있지 않았지만, 슈타이넨의 책이 큰 도움이 되었지. 이 책을 통해 폴리네시아 청년들은 자신이 어떤 무늬의 문신을 새겨야 할지 다양한 아이디어를 얻고 자극을 받았어. 오늘날 폴리네시아 청년들의 문신의 특징은 문신이 목으로, 심지어는 얼굴까지 타고 올라온다는 점이야.

어째서 문신은 멋진데 시커먼 치아

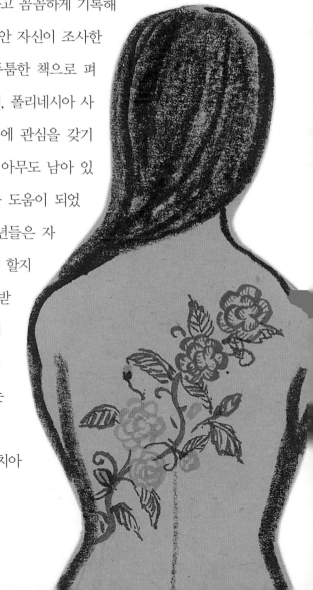

는 그렇지 않을까? 우리가 생각하는 아름다운 입은 언제나 하얗고 가지런한 치아를 가지고 있어야 해. 심지어 치아는 아무리 희어도 더 희면 좋을 것 같다는 생각이 들 정도지. 그래서 사람들은 치아를 건강하게 유지할 뿐만 아니라, 더욱 하얗게 만들기 위해 온갖 수단을 동원해.

그런데 도대체 왜 하얀 치아를 예쁘다고 하는 걸까? 사람들은 흔히 하얀 치아는 건강해 보여서 예쁘다고 해. 시커먼 치아는 병들고 게을러 보인다는 거지. 하긴 썩은 이는 시커멓고 지저분해 보여. 그렇다면 시커먼 치아는 언제 어디서나 아름답다는 평가를 받지 못할까?

인류학자들은 이따금씩 시커먼 치아를 매력적으로 보는 사회를 발견하곤 해. 맞아, 오늘날에도 그런 사회는 존재해. 중국의 다이족이 그 좋은 예야. 다이족은 중국의 25개 소수 민족 가운데 하나로, 주로 중국 남서부 지역의 윈난성에 살아. ('3장_ 중국 사람들은 스스로를 중국 사람이라 말하지 않는다!'를 볼 것.) 다이족 처녀들은 숲에서 따 온 열매로 치아를 검게 물들여.

다이족 사람들의 말을 그대로 믿는다면, 이것은 2000년 넘게 지켜 온 전통이야. 다이족 사람들에게 치아를 검게 물들이는 일은 오랜 역사를 자랑하는 성인식의 일부지. 사춘기 소녀들은 첫 생리를 하면, 그러니까 성적으로 성숙하면 치아를 검게 물들이기 시작해. 이렇게 소녀들은 '이제 저는 처녀예요.' 하고 알리는 거야. 다이족 젊은 남자들은 시커먼 이를 드러내며 환하게 웃는 처녀를 무척 매력적이라고 생각해. 여기에는 당연히 그럴 수밖에 없는 아주 간단한 이유가 숨어 있어.

이 지역 사람들은 모두 건강하고 하얀 치아를 자랑해. 심지어 노인들까지도 말이야. 이렇게 건강한 치아를 유지하는 비결은 설탕을 전혀 먹지 않는 식습관 덕분이지. 다이족 처녀들은 다른 사람들과 자신을 차별화하기 위해 치아를 검게 물들이기 시작했단다.

유럽에서도 시커먼 치아가 유행인 때가 있었어. 예를 들어 16세기와 17세기에 많은 평민들은 치아를 검게 물들였어. 그래야 우아하게 보인다고 생각했거든. 당시 가난한 평민들은 치아가 하얀색이었어. 열심히 양치질을 해서 그런 게 아니었어. 설탕을 넣어 만든 값비싼 군것질거리를 사 먹을 형편이 아니었기 때문이었지. 그 당시에는 오직 부자들만 단 과자를 즐겼어. 동시에 부자들은 상당히 게을러서 거의 씻지 않았어. 하물며 양치질은 두말할 필요도 없었지. 당연히 부자들의 치아는 시커멓게 될 수밖에 없었어. 오늘날 우리라면 멍청한 부자들이라며 코웃음을 쳤을 거야. 그러나 당시 평민들의 생각은 달랐어. 검은 치아 → 단 음식을 많이 먹는 사람 → 부자 → 최고! 가난한 사람들은 부자처럼 보이기 위해 일부러 희고 건강한 치아를 검게 물들였던 거야. 하지만 오늘날에는 정반대야. 시커먼 치아는 단 음식을 많이 먹고 값비싼 치아 관리를 받지 못한 가난한 사람들에게서 주로 찾아볼 수 있지.

유럽에서 가난한 평민들이 치아를 검게 물들일 때와 거의 비슷한 시기에 일본 여성들 사이에서도 검은 치아가 유행이었어. 그들은 주로 결혼을 했거나 열여덟 살 이상의 상류층 여성이었고, '게이샤'*들도 치아를 검게 물들였지. 일본 여성들은 치아를 검게 물들이기 위해 '오하구로'라는 절차를 따랐어. 원래 오하구로는 충치를 예방하기 위한 거야. 오하구로에 사용하는 짙은 액체는 식초에 철분, 오배자 가루, 타닌산 또는 황산, 굴 껍데기를 섞어 만들어. 일본 여성들은 박테리아가 치아의 법랑질에 달라붙지 않도록 최소한 일주일에 두 번씩 오하구로를 반복했어. 이렇게 점차 검

---

* 게이샤 : 술자리에서 노래를 하고 춤을 추는 여인으로, 우리나라의 기생과 같다.

은 치아는 아름다움의 표준이 되었지. 나중에는 평민들도 치아를 검게 물들이는 것을 선호하게 되었어. 특별한 축하일이나 결혼식 혹은 그와 비슷한 일이 있을 때 일본 사람들은 치아를 검게 물들였단다.

그러니까 뚱뚱함이나 날씬함, 문신, 갈색 피부, 검은 치아 등은 문화에 따라 정반대의 의미를 가질 수 있어. "야, 저 사람 좀 봐! 얼마나 가난하고 병들어 보이니?" 또는 정반대의 반응을 이끌어 내기도 해. "야, 저기 검은 이를 드러내고 웃는 여자 참 예쁘다!"

19장_ 어느 인류학자의
엉터리 문화 연구

문화를 제대로 연구하려면 어떻게 해야 할까?

레오나르도 디카프리오가 주연한 영화 '비치'에서는 기존 사회에 염증을 느껴 탈출한 젊은이들이 태국의 어느 섬에서 많은 사람들이 꿈꿔 오던 것을 실현해. 스트레스로 얼룩진 일상, 주변의 기대, 시간의 압박으로부터 벗어나 작은 공동체를 이뤄 자연의 품 안에서 살아가는 꿈 말이야. 원주민들은 비록 원시적이기는 하지만 주변 환경에 잘 적응한 생활 방식을 갖고 있어. 사람들은 흔히 이런 생활 방식을 행복하다고 생각하지. 왜 그렇게 생각할까?

1925년 8월, 인류학을 전공하는 24살의 미국 대학생 마거릿 미드는 몇 주에 걸친 긴 항해 끝에 남태평양의 섬 사모아에 도착했어. 연구를 위한 이 답사는 그녀의 지도 교수인 인류학자 프란츠 보아스가 제안한 것이었지. 사실 미드는 원주민들과 함께 살고 싶은 마음은 없었어. 그래서 사모아에서 얼마 떨어지지 않은 작은 섬 타우에 사는 미국 출신의 약사 집에 방을 하나 빌렸지. 미드는 매일 보트를 타고 사모아로 건너가 통역을 맡은 여성 한 명과 함께 조사 작업을 벌였어. 이렇게 미드는 사모아에서 아홉 달 동안 머무르며 10살에서 20살 사이의 여성 50여 명을 인터뷰했어.

1928년, 미국으로 돌아온 미드는 인터뷰 내용을 정리하여 한 권의 책으로 펴냈어. 이 책은 진정한 베스트셀러이자 오늘날 전 세계에서 가장 많이 팔린 인류학 책이기도 해. 서구 사회를 탈출한 화가 폴 고갱이나 소설 『보물섬』을 쓴 작가 로버트 루이스 스티븐슨이 이미 오래전부터 짐작해 왔던 것들이 이제 막 학자의 길에 들어선 대학생에 의해 확인된 셈이었지. 그래, 사모아는 진짜 파라다이스였어! 이곳의 자연은 추위와 엄청난 열기, 말라리아 같은 전염병 속에서도 원주민들을 무사히 지켜 주었어. 덕분에 감탄이 나올 정도로 훌륭한 문화가 탄생할 수 있었지. 원주민들은 자연과 이웃과 조화를 이루며 살았고, 착하고 너그럽고 순진하면서도 낯을 가리지 않았어. 누구도 근심하거나 걱정하거나 스트레스에 시달리지 않았기 때문에 폭력과 살인은 아예 일어나지 않았고, 자살이라는 것도 몰랐어.

앞서 이야기했듯이 미드는 그녀의 지도 교수 보아스에 의해 사모아로 보내진 거였어. 보아스는 새로운 연구 방법, 곧 '현장 연구'의 열렬한 추종자였거든. 그때까지만 해도 사람들은 인류학자를 '안락의자 인류학자'라고 불렀어. 연구실 의자에 앉아 탐험가들과 상인들이 남긴 일기나 보고서만 읽었으니까. 그 밖에도 당시 인류학자 가운데 많은 이들이 인종 차별주의에 강하게 사로잡혀 있었어. 이들은 유럽과 북아메리카의 백인이 노란 피부의 아시아인이나 검은 피부의 아프리카인 혹은 갈색 피부의 남아메리카인에 비해 모든 면에서 뛰어나다고 굳게 믿었지. 그러나 보아스는 문화란 비교할 수 있는 게 아니라고 말했어. 어떤 사회든 그 사회로 직접 들어가서 이해하고 평가해야만 한다고 주장했지. 동료들의 선입견에 맞서기 위해 보아스와 미드는 확실한 자료가 필요했어. 그래서 이들은 직접 현장으로 찾아가서 사람들을 만나고, 그들이 어떻게 살아가는지를 묻고 관찰한 거야.

그러나 훗날 마거릿 미드의 연구 역시 많은 선입견으로 얼룩져 있었던 것으로 드러났어. 그녀는 원초적인 생활 방식을 가진 남태평양의 원주민들이 문명사회를 살아가는 우리보다 훨씬 더 행복하게 산다고 굳게 믿었어. 미드가 사모아를 찾은 지 15년이 지난 어느 날, 또 다른 인류학자 데릭 프리먼이 사모아를 찾았어. 그는 미드와 전혀 다른 방법으로 연구했지. 그는 40년 동안 여러 차례 섬을 방문해 오랜 시간을 보냈어. 그가 섬에서 보낸 시간은 전부 6년에 달해. 그는 원주민의 언어를 배웠고, 어떤 집안의 양자로 들어가기도 했어. 결국엔 일종의 명예 추장으로 추대되기도 했지.

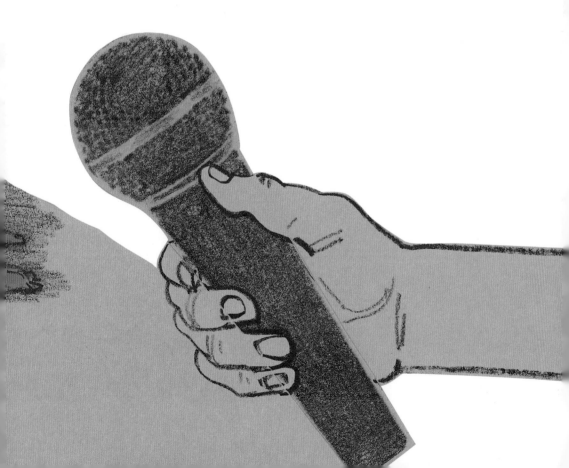

본래 프리먼은 미드와 그녀의 책을 보고 깊은 감명을 받았었어. 그러나 그는 미드처럼 원주민 몇 명과 대화하는 것만으로는 만족하지 않았어. 직접 그들의 삶에 뛰어들어 정확하게 관찰했고, 시간이 흘러 원주민들이 그를 믿게 되자 미드가 인터뷰했던 여성들을 다시 한 번 만나 이야기를 나누었지. 그런데 시간이 지날수록 프리먼은 미드가 책에서 묘사한 내용과 맞지 않는 사실들을 발견하게 되었어. 이런 불일치는 갈수록 늘어났지. 40년 뒤 프리먼은 그동안 연구한 것을 책으로 펴냈어. 요컨대, 미드가 확인한 사실 중에는 맞는 게 단 하나도 없다는 게 이 책의 핵심이야.

미드의 말과는 다르게 사모아의 청소년들은 자유롭게 성장할 수 없었어. 오히려 정반대였지. 아이들은 작은 마을 안에서 엄격한 통제를 받으며 생활했어. 또한 주민들은 언제나 서로를 감시하고 관찰했지. 각 마을의 추장들은 모두 '파 사모아'를 엄격하게 지키도록 감독했어. 파 사모아는 온갖 금기와 율법을 담은 일종의 두툼한 법전이야. 감사를 표할 때에는 어떻게 행동해야 한다는 내용에서부터, 언제나 겸손한 자세로 어른을 공경하라는 내용도 담겨 있어. 파 사모아 때문에 사모아 사람들은 선물을 받으면 반드시 답례를 해야 했고, 처녀는 청바지를 입지 못했으며, 언제나 공동체를 우선으로 하고, 일요일에는 모든 사람이 의무적으로 교회에 가서 누가 얼마나 헌금을 냈는지를 공개하는 목사의 설교를 들어야만 했어. 어떤 청년은 뉴질랜드에 가서 일을 하다가 귀국해서는 더 이상 파 사모아를 지키지 않겠노라고 선언했다가 집이 몽땅 불에 타 버리는 보복을 당하기도 했지.

그리고 프리먼은 미드의 결정적인 실수도 찾아냈어. 미드가 인터뷰했던 여성들을 다시 만났더니, 여성들은 프리먼에게 이렇게 말하더래. "당신이라면 난생 처음 보는 사람이 집에 들어와 어떻게 사느냐고 물으면 뭐라고 대답하겠어요?" 사모아 원주민들은 미드에게 그녀가 기꺼이 듣고 싶어 하는 말만 해 주었던 거야. 그제야 인류학자들은 분명히 깨달았어. 문화의 진짜 속내를 알고 싶다면, 현장 연구를 더욱 확장해야만 한다는 것! 또한 원주민들에게 질문만 던질 게 아니라, 오랜 시간 그들과 함께 생활해야만 한다는 것! 인류학자들은 이런 연구 방법을 '참여하는 관찰'이라고 불러.

참여하는 관찰은 친밀함과 거리 두기 사이를 끊임없이 오가야 해. 먼저 인류학자는 원주민들에게 가까이 다가가야 해. 직접 접촉을 해야만 그들의 진짜 생각과 문화가 보이니까. 그러나 동시에 적당한 거리를 두어야 해. 그래야 원주민들에게 휘말리지 않고 그들의 생활을 객관적으로 볼 수 있으니까. 또 그들의 행동에 너무 큰 의미를 부여하지 않을 수 있으니까.

20장_죽음을 대하는 우리들의 자세

누가 죽으면 우리는 무조건 슬퍼해야 하는 걸까?

마치 이제 막 점프대에서 뛰어내린 다이빙 선수의 모습 같아. 머리를 아래로 향한 전형적인 자세로 허공을 가르면서 아래를 바라보지. 물론 아래에는 물이 있을 거야. 잘 입수할 수 있을까? 물은 충분히 깊을까? 물이 너무 차갑지는 않을까? 하지만 그는 이 모든 걸 몰라. 그래도 그의 자세는 조금도 움츠러들지 않고 단호해 보여. 속을 알 수 없는 물로 뛰어드는 두려움은 찾아볼 수 없지. 그는 미지의 것을 받아들이는 각오가 어떤 것인지 보여 줘.

앞서 말한 허공을 가르는 다이빙 선수는 죽어 가는 사람을 묘사한 것이라고 해. 이 그림은 돌로 만들어진 관의 뚜껑 안쪽에 그려진 것으로, 약 2500년 전의 도시인 파에스툼*에서 만들어진 것으로 추정돼. 오늘날 이탈리아 나폴리에서 멀리 떨어지지 않은 유적지에서 발견되었어.

죽음을 향해 용감하게 뛰어든다? 자못 용기를 북돋우는 이런 발상은 로마 이전에 이탈리아 반도에 살며 수준 높은 고유문화를 꽃피운 에트루리아** 사람들로부터 시작되었어. 에트루리아 사람들은 매우 명랑한 장례 문화를 갖고 있었어. 그들은 죽음을 지금보다 더 아름답고, 보다 멋진 세계로 잠수하는 거라고 생각했지. 그래서 장례식도 흥겨운 잔치를 벌이듯 했어. 죽은 사람을 가운데에 두고 운동 시합이나 음악 경연 대회 같은 것을 하거나 본격적으로 장례를 치를 때에도 크게 잔치를 벌여 흥겹게 먹고 마시며 즐겼어.

비록 기독교가 육체의 부활과 영원한 삶을 선포하기는 했지만, 그래도 서구 사회는 계속해서 죽음을 우리의 삶과 생각에서 몰아내려고 했어. 중세 시대에만 하더라도 사람들은 일상생활에서 끊임없이 죽음과 마주쳤어. 치유할 수 없는 병이 많았고, 역병도 끊이지 않았으며, 나이 든 노인들은 다른 가족들과 함께 살고 있는 집에서 숨을 거두었으니까. 그 밖에도 중세 사람들은 자신의 주변 곳곳에 해골을 걸어 두거나 죽음과 악마를 다양한 방법으로 묘사하며 인생의 덧없음을 생각했어. '메멘토 모리'라는 말은 '네가 언젠가는 죽는다는 사실을 잊지 말라.'는 뜻의 라틴어 문구야.

오늘날 우리는 범죄 소설과 영화를 통해 끊임없이 죽음과 마주쳐. 그러나 소설이나 영화에서 보여 주는 죽음은 그냥 누군가 간단하게 사라지는 것이거나, 법의학자가 해부를 하는 데 필요한 대상이 만들어지는 것에

---

* 파에스툼 : 오늘날 이탈리아 토스카나 지역에 있었던 고대 도시 이름이다. 고대 그리스 신전 세 개와 고대 로마 원형 경기장이 발견되었다.
** 에트루리아 : 종교 동맹을 맺은 열두 개의 도시로 이루어진 왕국으로, 로마에게 정복되어 멸망했다.

지나지 않아. 하지만 진짜 죽음은 한밤중에 병원이나 양로원 혹은 집에서 구급차에 실려 될 수 있는 한 눈에 띄지 않게 처리돼. 일상 속에서 다른 사람들이 놀라는 일이 없게 말이야. "윽, 또 장의차야!" 죽음이라는 말만 들어도 우리는 속이 불편해져. 죽어 가는 사람을 둘러싼 생각은 우리의 가슴을 무겁게 하지. 그렇지만 우리가 죽어 가는 사람을 생각해야만 그는 우리와 더불어 있을 수 있어. 생각하지 않으면 그는 그저 허무하게 사라질 뿐이지.

죽음을 둘러싼 생각은 기독교를 믿지 않는 다른 문화들에서는 전혀 다르게 나타나. 대다수의 사람들은 자신이 조상들의 영혼에 둘러싸여 있다고 굳게 믿어. 이런 생각은 보통 우리의 마음을 아주 편안하게 만들어 주지만, 그렇지 않은 경우도 많아. 북아메리카의 이로쿼이족은 죽으면 저승에서 조상들의 환대를 받는다고 믿어. 그래서 이들은 죽은 사람을 누운 자세로 묻지 않고 앉은 자세로 매장하는 풍습을 갖고 있지.

죽으면 영혼의 나라로 간다고 확신하는 사람들은 영혼의 나라에 가는 일을 아주 정성껏 준비해. 중국 몇몇 지역의 노인들은 죽기 오래전부터 '수의'를 만들어. 무덤에 들어갈 때 입는 옷인 수의를 만들어 곱게 개 두었다가 생일과 같은 특별한 날에 꺼내 입지. 이렇게 해서 즐거운 잔칫날에도 장차 맞이하게 될 죽음과 조금씩이라도 함께하려고 하는 거야.

많은 나라에서 사람들은 여전히 집에서 죽음을 맞이해. 아프리카 가나의 아샨티라고 하는 곳이 좋은 예야. 아샨티 사람들은 죽은 사람과의 이

별을 주말로 미뤄. 금요일에는 우선 온 가족이 모여 조용하고 경건하게 시신을 지켜. 토요일에는 죽은 사람을 마지막으로 보고 싶어 하는 모든 손님이 찾아오지. 이때 이들의 전통 음악이 연주돼. "증조할머니가 돌아가셨을 때, 마을 사람들이 모두 모였어요. 할머니는 현지 풍습에 따라 염을 하고 침대에 누워 계셨죠. 사람들은 할머니를 보석으로 치장하고, 얼굴을 화장해 주었어요. 손님들은 슬픔에 빠진 가족들에게 선물을 했어요. 대개 보석이나 옷 혹은 옷감이었죠." 아샨티 출신이자 독일의 프로 축구 리그인 분데스리가에서 활동 중인 축구 선수 게랄트 아자모아의 설명이야. 마침내 일요일에는 장례식이 열려. 장례식이 끝나면 곧 잔치가 벌어지지. 밴드가 연주하는 전통 음악에 맞춰 손님들은 흥겹게 춤을 춰. 이런 식으로 이들은 슬픔에 빠진 사람을 홀로 내버려 두지 않아. 함께 슬퍼하고 함께 웃으면서 삶으로, 살아 있는 기쁨으로 되돌아오게 만들지. 이게 아샨티 사람들의 전통적인 장례식이 갖는 본래 의미야.

또 다른 예로 마다가스카르 사람들은 죽은 이가 결코 가족 곁을 떠나지 않는다고 확신해. 유령이 되어 사람들 곁에 머물면서 가족들의 운명을 좋은 쪽으로든 나쁜 쪽으로든 조종한다는 거야. 그래서 옛날에는 살아 있는 사람들이 사는 집은 진흙으로 짓고, 죽은 조상들이 살 집은 돌로 정성껏 지었어. 조상들이 그 안에서 편안하게 지내야 고마운 마음에 후손들에게 나쁜 생각을 품지 않는다는 거였지.

그 밖에도 죽은 사람이 산 사람 못지않게 많은 물건을 필요로 한다고 믿는 문화도 많아. 그래야 저승에서 편안히 지낼 수 있다고 여기는 거지. 여기에는 먹을 것은 물론이고 돈이나 심지어 자동차까지 포함돼. 그런데 이런 물건들을 조상들이 쓰려면 유령의 세계로 옮겨 줘야 하지 않을까? 이에 대해 아시아 사람들은 조금도 문제 될 게 없다고 말해. 저승으로 보내고자 하는 물건들을 무덤에서 불태우면 된다는 거야. 중국에서는 이런 방식으로 이승의 돈을 저승으로 올려 보내. 마치 공상 과학 영화의 우주선에서나 볼 수 있는 '레이저 빔'처럼 순간적으로 공간 이동을 하는 셈이지. 이때 사용하는 돈은 어차피 불태워질 것이기 때문에 꼭 은행에서 발행한 진짜 지폐일 필요는 없어. 그 대신 이러한 용도로 만들어진 가짜 종이돈을 불태우지.

그럼 조상들이 저승에서도 사치와 호사를 누리고 싶어 한다면 어떻게 해야 할까? 예를 들어 롤스로이스와 같은 최고급 차를 타고 싶어 한다면? 걱정할 것 없어. 종이로 멋들어지게 만든 롤스로이스 모형도 있으니까. 이걸 사서 그냥 무덤가에서 불태우면 돼.

그럼 이 질문은 어때? 죽은 이는 영원히 저승에서만 머무를까? 기독교를 믿으면서도 오랜 시간 조상 숭배 전통을 지켜 오고 있는 멕시코 사람들에게 만성절은 아주 중요한 축제야. 멕시코 사람들은 이날을 '디아 데 로스 무에르토스', 곧 '죽은 이들의 날'이라고 불러. 종이와 플라스틱으로 만든 해골과 유골을 곳곳에 두기는 하지만, 이날은 슬픔의 날이 아니라 죽은 조상을 애틋하게 기리는 기쁨의 날이야. 멕시코 사람들은 매년 11월 1일에서 2일로 넘어가는 밤에 죽은 조상의 영혼이 살아 있는 후손에게 찾아온다고 믿기 때문이지. 그래서 각 가정에서는 꽃으로 장식한 제단을 마련하고, 조상이 좋아했던 음식과 빵을 정성껏 준비해. 그런 다음 해가 질 무렵 무덤에 찾아가. 조상의 무덤 앞에 모인 가족들은 꽃과 작은 선물, 음식, 음료 그리고 수많은 초들로 무덤을 장식해. 그리고 조상과 무릎을 맞대고 앉아 밤새도록 먹고 마시고 노래하지. 플라스틱으로 만든 해골, 두꺼운 종이로 만든 유골 그리고 아몬드를 넣은 설탕 과자로 꾸민 관 등 이 모든 것은 '카람바', 곧 "우리는 죽음을 심각하게 받아들이지 않아!" 하는 외침과 다르지 않아.

마다가스카르 사람들은 멕시코 사람들보다 한 걸음 더 나아가. 그곳의 고원 지대에는 '파마디하나', 곧 '죽은 사람 뒤집어 주기'라는 축제가 널리 퍼져 있어. 대략 10년마다 한 번씩 가족들이 한자리에 모여 무덤에서 죽은 조상의 유골을 꺼내 와. 가죽으로 만든 돗자리에 미라가 된 조상의 유골을 둘둘 말아 들 것에 싣는 거지. 그런 다음 고향 마을로 가서 성대하게 잔치를 열고 마음껏 럼주를 마시며 즐겨. 죽은 조상은 이렇게 가족들과 즐거운 하루를 보내고, 새로운 수의에 싸여 무덤으로 돌려보내진단다.

21장_ 다르지만 같아

문화의 차이를 만드는 건 뭘까?

'리틀 빅 맨'이라는 영화에서 더스틴 호프만은 어린 시절 인디언들에게 끌려가 그 마을에서 자란 백인의 역할을 연기했어. 영화에 등장하는 인디언 중에서 모든 것을 거꾸로 하는 인디언은 걸을 때도 뒤로 걷고, 말을 탈 때에도 뒤를 바라보고 타. 또한 물이 아닌 진흙으로 얼굴과 몸을 씻고, 말을 할 때에는 뒤에서부터 앞으로 거꾸로 말하지. 이렇게 모든 것을 거꾸로 하는 사람이 정말 있었을까? 아니, 있을 수 있을까?

'뭐든지 거꾸로 하는 인디언'이 실제로 존재한 적은 단 한 번도 없어. 그저 영화의 재미를 위해 익살스럽게 꾸민 것뿐이지. 또한 인디언들이 얼마나 관대한지를 보여 주기 위해 설정된 캐릭터에 지나지 않아. 그러나 역사를 살펴보면 처음에는 여행자들이, 그다음에는 학자들이, 나중에는 미디어에서 멀리 떨어진 어느 지역에는 마치 물구나무를 선 것처럼 모든 행동을 거꾸로 하는 사람이 있다고 이야기해.

낯선 땅을 찾아다니며 그곳 주민들을 관찰한 최초의 사람 가운데 한 명인 그리스의 헤로도토스는 기원전 5세기의 사람이야. 그는 당시 그리스에 알려진 나라들을 두루 돌아다녔어. 지중해와 흑해 주변의 나라는 물론이고 중동과 심지어 인도 국경으로까지 나아갔지.

그러나 헤로도토스는 어느 나라보다 이집트 사람들의 행동을 보고 가장 놀랐어. "이집트의 하늘이 다른 곳의 하늘과 다르고, 강이 다른 곳의 강과 다르게 흐르듯, 이집트 사람들의 풍속과 습관은 다른 나라의 민족들과 모든 면에서 반대이다. 이집트에서는 여인이 장터에 나가 장사를 하는 반면, 남자는 집에 앉아 실을 잣는다. (……) 남자는 짐을 머리에 이고 다니고, 여자는 어깨에 걸머진다. 여자는 서서 소변을 보고, 남자는 앉아서 소변을 본다. 배변은 집 안에서 하고, 식사는 거리에서 한다. 부모를 공양하는 일은 딸이 해야 하며, 다른 곳의 제사장들은 머리와 수염을 기르는 데 반해, 이집트 제사장들은 온몸의 털을 깨끗이 밀어 버린다. 그리스 사람들은 왼쪽에서 오른쪽으로 글을 쓰지만 이집트 사람들은 오른쪽에서 왼쪽으로 글을 쓴다."

오늘날까지 이집트를 연구한 바에 따르면, 헤로도토스는 비교적 정확하게 이집트를 관찰한 편이기는 하지만 거기에 자신의 상상을 섞었어. 실제로 한여름에 나일 강은 물이 엄청나게 불어났지만, 지중해로 흘러드는 다른 모든 강의 물은 턱없이 줄어들었어. 이집트 사람들이 오른쪽에서 왼쪽으로 글을 쓰고, 제사장들이 주기적으로 온몸의 털을 밀었던 것도 사실이었지. 그러나 헤로도토스는 그 외에 다른 일들은 정확하게 관찰하지 않은 채 '중요한 일들을 거꾸로 하는 걸 보니 다른 일들도 으레 그러겠지?' 하는 추측을 기록했어.

중세 시대에 지중해가 기독교를 믿는 서양과 이슬람교를 믿는 동양으로 세계를 갈라놓았을 때 헤로도토스가 이집트 사람들을 잘못 연구한 것처럼, 이제는 유럽 사람들이 오리엔트, 즉 인도의 인더스 강 서쪽에서 지중해 연안까지의 지역을 잘못 바라보기 시작했어. 유럽 사람들은 처음부터 아랍 지역 국가들과 오스만 군대를 무척 두려워했기 때문에 19세기에 들어서면서부터 그들에게 오리엔트는 '다르다'는 것의 상징이 되었어. "아무튼 오리엔트에서는 일반적으로 볼 때 이러저러한 방식으로 유럽 사람들이 행동하고, 말하고, 생각하는 것과 정반대로 하더군요." 이집트 주재 영국 총영사 크로머 경이 자신의 조국 사람들에게 한 말이야.

이게 대체 무슨 말일까? 그럼 아랍 사람들은 하루 종일 물구나무를 서 있다는 걸까? 페르시아 사람들은 요리도 하지 않은 생닭을 그냥 먹는다는 걸까? 아니야, 이는 유럽 사람들이 오리엔트 사람들의 생각과 행동을 전혀 이해하지 못했기 때문에 일어난 오해야. 오리엔트 사람들은 자신의 어려운 운명은 비교적 여유롭게 감수하는 반면, 보드게임과 같은 사소한 경쟁을 할 때에는 길길이 날뛸 정도로 난폭해져. 또한 남자들은 대부분의 시간을 밖에서 보내면서, 여자들은 집에만 숨겨 놓으려 하지. 서양 사람들이 깐깐하게 구는 일에도 오리엔트 사람들은 훨씬 너그럽고 유연하게 행동해. 그러나 이런 관찰 결과는 유럽 사람들의 눈에만 그렇게 보인 것일 뿐이야. 이런 '거꾸로 된 세상'은 다소 정도의 차이는 있지만, 대부분 유럽 사람들의 공상에서 빚어진 것이지.
대체 어쩌다가 이런 말도 안 되는

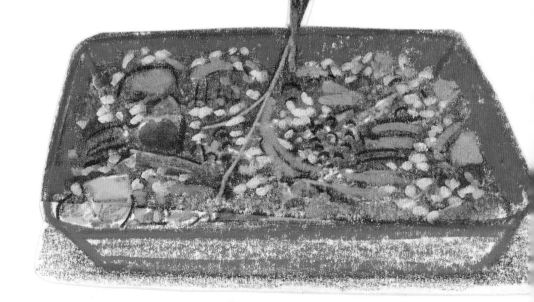

공상을 하게 된 걸까?

사람들은 언제나 자신의 눈으로 세상을 보기 마련이야. 내가 입는 옷, 내가 하는 인사법, 내가 인생을 살아가는 방식, 나의 일 등이 모든 판단의 중심이 되지. 왜 저들은 헐벗은 채 돌아다니고, 왜 나처럼 제대로 인사할 줄 모르며, 왜 열심히 일을 하지 않는 걸까 하는 식으로 말이야. 이런 식의 관점에 들어맞는 한두 가지 행동을 보게 되면, 사람들은 '그것 봐, 그럼 그렇지!' 하고 쉽게 단정해 버리게 돼. '저 사람들은 길거리에서, 그것도 손으로 음식을 먹네!' 이렇게 한 가지만 다르게 해도 우리는 아주 많은 일을 우리와 다르게 한다고 생각하지.

이런 선입견을 오늘날에도 찾아볼 수 있을까? 그래, 일부이기는 하지만 분명히 그런 편견은 존재해. 예전에 비해 유럽 사람들의 시선은 좀 더 동쪽으로 움직였어. 오늘날 많은 유럽 사람들은 동아시아 사람들, 곧 중국, 한국, 일본 사람들과 자신이 매우 다르다고 생각해. 유럽 사람들이 보기에 동아시아 사람들은 매일 일하고, 일하고 또 일을 해. 지쳐 쓰러져도 좋다는 각오로 일에만 매달리지. 자기 자신을 위해서라기보다는 집단, 곧 가족과 친척을 위해서 말이야. 그리고 좀처럼 감정을 드러내지 않아. 서양 사람들이 개인주의를 바탕으로 생각하고, 일하고, 즐기는 반면, 동아시아 사람들은 그룹, 곧 자신이 속한 집단을 우선시해. 서양 사람들이 동아시아 사람들을 보고 하는 말에는 언제나 다음과 같은 암시가 깔려 있어. "저기 동아시아 사람들 좀 봐, 정말 우리와 많이 다르구나!" 이렇듯 자기 자신은 언제나 지극히 정상이며, 약간 이상한 쪽은 언제나 남이지.

그러나 오늘날 우리는 인간의 같음과 다름에 대해 훨씬 더 많은 것을 알게 되었어. 20세기에 들어서 인류학자들이 열심히 여러 문화들을 비교한 결과, 어떤 문화든 특별함과 독특함을 가지고 있지만 근본적으로는 대다수의 문화가 매우 비슷하다는 사실을 알아냈기 때문이야. 인류학자들은 무엇보다 이 질문에 대한 답을 알고 싶어 했어. '사람들이 모두 똑같이 하는 일에는 무엇이 있을까?'

인류학자들은 이른바 '보편성'에는 어떤 것들이 있는지를 물은 거야. 언제 어디서나 모든 사람이 똑같이 하는 행동을 인류학에서는 보편성이라고 해. 학자들이 주목한 최초의 보편성은, 인간은 얼굴 표정을 통해 다른 사람의 감정을 읽어 낼 수 있다는 점이야. 세계 어디서나 사람들은 여섯 가지 감정을 갖는다고 해. 화남, 두려움, 역겨움, 놀라움, 기쁨, 슬픔이 그것이지. 그리고 이런 감정들은 사람의 얼굴만 보더라도 알 수 있어. 인디언 소년은 중국 사람의 얼굴만 보고도 그가 화를 내고 있는지 아니면 슬퍼하고 있는지 알 수 있고, 유럽 대도시에 살고 있는 영국 사람은 아프리카 부시먼족의 얼굴만 보고도 그가 웃고 있는지, 놀랐는지, 아니면 화를 내고 있는지를 분간할 수 있지.

학자들은 그동안 사람이라면 누구나 똑같이 갖는 보편성이라는 게 있다고 의견을 모았어. 좋아, 그렇다면 또 다른 보편성에는 과연 어떤 것들이 있을까? 세상에 얼마나 많은 보편성이 있는지는 학자들이 여전히 논쟁을 벌이는 주제이지. 처음으로 보편성의 목록을 만든 사람은 미국의 인류학자 조지 피터 머독이야. 1945년에 머독은 보편성에 관한 총 73가지의 항목을 정리했어. 1999년에 독일의 민족학자 볼프 쉬펜회펠은 여기에 다시 10가지 항목을 덧붙였지. 보편성 목록은 주제별로 다음과 같이 간추릴 수 있어.

먹는 일

젖 떼기 : 모든 문화는 언제부터 아기가 엄마의 젖가슴을 빨지 않아야 하는지 일정 시점을 정해 둔다.

식사 : 아침은 잘 챙겨 먹고, 점심은 다른 사람들과 함께 먹으며, 저녁은 왕처럼 아주 풍성하게 먹는다. 또한 하루의 어느 시점에 식사를 해야 하는지 그 기준을 대략 정해 둔다.

금식 : 한동안 먹거나 마시지 않는다. 이는 신에게 감사하기 위해 하는 행동 중 하나이다.

요리 : 어떤 문화든 굽고, 볶고, 지지는 요리 방식을 갖고 있다. 냄비에 요리하며, 재료를 숙성시켜 떡이나 빵을 만든다.

감정

공격성 통제 : 집단은 언제나 집단 내 구성원들끼리 폭력을 쓰는 일이 없도록 통제한다. 공격성이 불거지는 것을 막기 위해 함께 운동을 하거나 도전 과제를 푼다. 그래도 싸움이 일어나면 처벌한다.

공감 : 집단은 구성원들끼리 서로 공감하는 능력을 키우도록 장려한다.

종교나 성적 수치심에 빗댄 저주 : "하느님 맙소사, 이런 빌어먹을……." 이런 식으로 사람들은 분노를 표현한다.

행복을 바라보는 관점 : 각각의 공동체는 사람은 언제, 어떤 상황에서 행복을 느끼는지를 판단하는 저마다의 독특한 관점을 가진다.

구애 : 상대방에게 사랑을 표현하는 방법에는 여러 가지가 있다. 멋진 옷을 입고 뽐내기, 단체 운동 경기에서 눈부신 실력 발휘하기, 선물을 하거나 사랑의 편지 보내기 따위가 그 예다. 아니면 그냥 눈만 깜박하는 윙크도 사랑을 표현하는 방법 중 하나이다.

가족

손님 접대 : 적대적인 의도 없이 찾아온 낯선 사람에겐 친절히 대하고, 숙식을 제공한다.

출산 협조 : 임신한 여자는 혼자서 아기를 낳는 게 아니라, 다른 여자들의 도움을 받는다.

가족 구성 : 부모와 자식은 가족을 이루어 산다. 조부모와 함께 사는 경우도 흔하다. 다만 서구의 대도시에서는 갈수록 독신이 늘고 있다.

태교 : 임신한 여자와 뱃속의 아기를 보호하고, 좋은 기운을 강하게 북돋워 주는 제례와 의식을 갖고 있다.

문화

육상 스포츠 : 청소년으로 하여금 신체 단련에 힘쓰게 한다.

장식 미술 : 꽃 그림을 그려 넣은 찻잔이나 멋들어진 문고리 장식은 거의 모든 문화에서 찾아볼 수 있다.

축제와 공휴일 : 축제와 공휴일을 통해 일상의 지루함을 깨고, 집단의 생체 리듬을 건강하게 한다.

선물 주기 : 선물은 거래의 최초 형태이다.

몸단장과 장신구 : 헤어스타일과 문신, 보석, 허리띠, 팔찌 그리고 귀와 코와 입술에 조그만 구멍을 뚫어 장신구를 하는 것으로 자신을 치장한다.

음악과 춤 : 누구나 음악을 즐기고, 음악에 맞춰 몸을 움직이기 좋아한다.

이름 : 세상에 태어나는 모든 사람은 이름을 얻는다.

놀이 : 몇몇 문화학자들의 주장에 따르면, 놀이로부터 인간의 문화가 탄생했다.

언어 : 어느 민족이든 그들만의 독특한 언어를 가진다. 현재 전 세계에 존재하는 약 6000

개의 언어 가운데 절반 이상이 소멸 위협을 받고 있다.

농담 : 하나의 농담을 두고 어떤 문화든 똑같이 웃음을 터뜨리지는 않지만, 사람들은 어디서나 서로 농담을 주고받으며 낄낄거린다.

규칙

잘못된 행동의 처벌 : 정해진 규칙을 지키지 않으면 처벌한다.

재산권 : 무엇이 누구의 것인지를 정하는 규칙을 갖고 있다.

규범과 법률 : 이러저러하게 행동하는 게 마땅하다고 정한 규범과 법률을 갖고 있다.

사회의 위계질서와 정부 : 다른 사람보다 더 큰 권력을 갖는 소수가 있게 마련이다.

물질 재화의 상속 규정 : 유산을 둘러싼 다툼이 일어나지 않도록 유산을 배분하는 법을 정한다.

사회생활

연령대별 그룹 형성 : 유아, 청소년, 성인, 노인 등 동년배들끼리 집단을 이루게 한다.

성행위의 제한 : 성적 충동이 일어난다고 해서 아무 상대에게나 집적거렸다는 처벌을 받는다. 또한 대중 앞에서의 노골적인 성행위는 처벌의 대상이 된다.

서로 방문하기 : 아무리 작은 섬이라 할지라도 주민들은 주변을 찾아다니며 소식을 주고받는다.

에티켓 : 행동 예절을 지키도록 하는 것은 보편적인 현상이다. 옛날에는 서양에서 남자들이 서로 인사를 할 때 모자를 벗었으나, 오늘날 그렇게 행동했다가는 케케묵은 옛날 사람으로 취급받을 수도 있다.

위생 : 열심히 몸을 씻는다. 물론 매일 그러지 않는 곳도 있다.

성인식 : "너는 이제 어른이다!"라고 선언하는 성인식을 치른다.

부끄러움 : 많은 원시 부족 사람들이 거의 헐벗은 채 생활하지만, 남자든 여자든 특정 신체 부위만큼은 드러내지 않으려 한다. 그리고 애정 행위도 남들이 보지 않는 은밀한 곳에서만 한다.

아군과 적군의 구별 : 복장, 머리 모양, 문신, 장신구, 언어 등으로 같은 편임을 나타낸다. 이로쿼이족 전사는 이로쿼이족의 흉터를 가져야만 부족의 전사로 인정받는다.

친척 관계 : 부모, 조부모, 삼촌, 고모, 이모, 조카 등등.

기술과 노하우

분업 : 누구도 혼자서 모든 것을 처리하지는 않는다. 서로 의논하여 몇 단계로 일을 나누어 처리한다.

공동 작업 : 집회장, 댐, 수로, 성벽, 종교 시설은 구성원이 힘을 모아 해결해야 하는 공동 작업의 대상이다.

거래 : 서로 선물을 주고받으면서 거래가 생겨났고, 황금과 동전으로 물건을 사고팔았다.

자연 지식 : 어떤 식물과 동물을 먹어도 괜찮고, 무엇을 치료제로 쓸 수 있나? 나무나 꽃은 어떻게 심어야 하나? 세상에는 얼마나 많은 식물과 동물이 있나? 등의 정보를 축적해 나간다.

길쌈 : 아마포나 목화 혹은 양털에서 실을 뽑아 옷감을 만드는 기술이다.

도구 만들기 : 모든 것은 주먹 도끼로부터 시작되었나니…….

숫자 세기 : 양을 몇 마리나 가졌는지 알려면 수를 헤아릴 줄 알아야 한다.

시간 계산과 달력 : 농사를 짓기 시작하면서부터 모든 문화는 절기를 구분하려고 노력했다.

세계관

대립 쌍으로 생각하기 : 남자 대 여자, 문화 대 자연, 아군 대 적군, 선과 악 등등.

천문학 : 밤하늘의 별을 바라보며 세상에서 일어나는 일들을 설명하려 들었다.

마법 : 사람들은 늘 마법에 의지했다. '13장_컴퓨터를 고치러 사원에 가는 사람들'을 볼 것.

의술 : 태초에 모든 문화는 몇 가지 약초와 마법의 주문을 외우는 것으로 환자의 병이 낫
길 기원했다.

종교와 전설 : '13장_컴퓨터를 고치러 사원에 가는 사람들'을 볼 것.

해몽 : 자신이 꾼 이런저런 꿈이 무엇을 의미하는지 해석하려 들었다.

영혼의 상상 : 세계의 어떤 문화도 인간이 오로지 몸으로만 이뤄져 있고, 죽고 나면 깨끗
이 사라진다고 믿지 않았다.

원하는 날씨를 가졌으면 하는 희망 : 풍년을 위해 적당히 비가 내리고, 축제나 휴가 기간
에는 청명한 날씨였으면 하는 바람을 이루기 위해 사람들은 지금껏 날씨를 관장하는 신
들을 섬기며 제물을 바쳐 왔다. 오늘날에는 일기 예보에 귀를 기울인다.

인류학자들은 이처럼 많은 부분에서 인류의 공통점을 확인했어. 세상
에는 참으로 다양한 문화들이 있고 또 지금도 생겨나고 있지만, 어떤 문
화든 인간이 하는 일은 거의 비슷해. 먹고, 마시고, 옷 입고, 춤추고, 노래
하고, 잠자는 일은 어느 문화나 똑같지. 다만 그것을 '어떻게' 하느냐 하는
방식에서 차이가 생겨. 경우에 따라 이런 차이는 상당히 크기도 하단다.

웅진 주니어

어떤 게 정상이야? 우리가 가진 문화적 편견에 대한 진실

초판 1쇄 발행 2014년 2월 25일 | 초판 10쇄 발행 2023년 10월 1일

지은이 볼프강 코른 | 그린이 김효은 | 옮긴이 김희상
발행인 이재진 | 도서개발실장 안경숙 | 편집인 이화정
편집 이유선 | 디자인 손미선
마케팅 정지운, 박현아, 원숙영, 신희용, 김지윤 | 국제업무 장민경, 오지나 | 제작 신홍섭

펴낸곳 (주)웅진씽크빅
주소 경기도 파주시 회동길 20 (우)10881
문의전화 031)956-7403(편집), 031)956-7069, 7569(마케팅)
홈페이지 www.wjjunior.co.kr | 블로그 blog.naver.com/wj_junior
페이스북 facebook.com/wjbook | 트위터 @new_wjjr | 인스타그램 @woongjin_junior
출판신고 1980년 3월 29일 제406-2007-00046호 | 제조국 대한민국

WAS IST SCHON NORMAL?_Warum alle Menschen gleich und doch verschieden sind by Wolfgang Korn
ⓒ 2011 Bloomsbury Verlag GmbH, Berlin
Korean Translation Copyright ⓒ 2014 by Woongjin Thinkbig Co., Ltd.
All rights reserved.
The Korean language edition published is by arrangement with
Bloomsbury Verlag GmbH through MOMO Agency, Seoul.

웅진주니어는 (주)웅진씽크빅의 유아·아동·청소년 도서 브랜드입니다.
이 책의 한국어판 저작권은 모모 에이전시를 통해 Bloomsbury Verlag GmbH사와의 독점 계약으로 (주)웅진씽크빅에 있습니다.
저작권법에 의해 한국 내에서 보호를 받는 저작물이므로 무단전재와 무단복제를 금합니다.

ISBN 978-89-01-16300-0 (43330)

* 일러두기 : 이 책의 모든 각주는 옮긴이(*표시)의 주입니다.
잘못 만들어진 책은 바꾸어 드립니다.
※주의 1_책 모서리가 날카로워 다칠 수 있으니 사람을 향해 던지거나 떨어뜨리지 마십시오.
    2_보관 시 직사광선이나 습기 찬 곳은 피해 주십시오.
웅진주니어는 환경을 위해 콩기름 잉크를 사용합니다.